Cornelia Schwenkenbecher

TOD DEM NACHBARN!

Berlin kriminell – Fälle vor Gericht

CULTURCON medien

ISBN 978-3-944068-25-1

Bibliografische Information der Deutschen Nationalbibliothek:
Die Deutsche Nationalbibliothek verzeichnet diese Publikation in der Deutschen Nationalbibliografie; detaillierte bibliografische Daten sind im Internet über *http://dnb.d-nb.de* abrufbar.

CULTURCON medien
Inhaber Bernd Oeljeschläger

Melanchthonstraße 13, 10557 Berlin
Telefon 030 / 34398440, Telefax 030 / 34398442

www.culturcon.de

Gestaltung: Kathrin Strahl, Berlin
Titelfoto: Nelly Möller
Druck: freiburger graphische betriebe GmbH, Freiburg/Breisgau

Berlin 2014

Inhaltsverzeichnis

Vergiss Miranda!

Eine junge Frau bietet Männern Sex an und setzt sie dann k.o.

Die 28-Jährige hat einen klangvollen Namen. Miranda. Sie hat ihn sich selbst gegeben, weniger, weil er im Lateinischen „die Wundervolle" und „die Bewundernswerte" bedeutet, sondern weil „Miranda" eine ihrer Lieblings-DVDs ist. Die Bühnenfigur hat einst Carlo Goldoni ersonnen, als eine lebenslustige Wirtin, die den Männern die Köpfe verdreht. Zweieinhalb Jahrhunderte später widmete sich der italienische Regisseur Tinto Brass der Miranda in einer erotischen Komödie und übertrug einer üppigen Brünetten den Part der Verführerin, der es in ihrer kleinen Kneipe nie langweilig wird. Miranda lockt die Verehrer an und genießt es, die Männer gegeneinander auszuspielen, mal nimmt sie den einen, mal den anderen mit zu sich ins Lotterbett. Frei aller Sorgen.

„Irgendwie hat die mir imponiert, und ich mochte den Namen", erzählt die große, aber knabenhaft schmale Blondine mit der kastanienbraunen Strähne im Pony, die an einem total verregneten Herbsttag vorm Amtsgericht steht. Agnes heißt sie, Agnes T., und sie stammt aus der Nähe von Dabrowa Gornicza, einer polnischen Bergarbeiterstadt. Ihre Eltern führen dort eine Bäckerei, sie ist das einzige Kind, „und irgendwie lief alles darauf zu, dass ich einen wohlgenährten Nachbarsjungen heirate und das Geschäft übernehme".

Davor, sagt Agnes T., hatte sie immer Angst. „Ich wollte nicht in Polen bleiben, ich wollte leben, verrückte Kleidung tragen, reisen, studieren, was weiß ich. Aber ich war ja noch nicht achtzehn." Also luchste sie den Eltern das Versprechen ab, Abitur machen zu dürfen, begann eine Konditorlehre – und verschwand Richtung Deutschland. Sie folgte einem Ingenieur nach Wolfsburg, verlobte sich, bewarb sich für ein Germanistikstudium, fand bald aber auch Wolfsburg und den Ingenieur zu fade, trennte sich, studierte in Hamburg weiter und bekam dort einen Job in einer Bar, der sie irgendwie an „Miranda" erinnerte. Zwar stand sie nur hinter der Theke und mixte Cocktails, aber der Besitzer der Bar hatte nichts dagegen, dass seine Mädchen den einen oder anderen Stammgast bisweilen auch privat besuchten und bei Laune hielten. Das machte der unternehmungslustigen Agnes Spaß. „Miranda" durften ihre Liebhaber sie nennen, wenn sie sich mit dem taffen, schlanken Mädchen trafen, das mit Konfektionsgröße 38 und fast hellgrauen Augen so gar nicht ihrer Film-Heldin ähnelt.

Aber nicht das ausschweifende Vergnügen als gelegentliche Studentin und Bar-Frau in Hamburg bringt Agnes-Miranda nun vor Gericht. Sondern das neue Leben, das sie vor zwei Jahren nach Berlin führte. In die Arme eines charmanten, aber chronisch klammen Künstlers, der ernsthaft Familienpläne schmiedet. Sie bricht ihr Studium ab, „vorübergehend", wie sie sagt, um mit einer normalen Arbeit Geld zu verdienen. Sie organisiert das Büro eines Immobilienmaklers, zwei Tage die Woche, und kellnert aushilfsweise bei einem Italiener. Alles ganz seriös und auch ein bisschen langweilig. „Ich hatte ja meinen Spaß, früher, und mein Freund Ansgar ist wirklich süß. Aber mir fehlte das unbeschwerte Ausgehen, das Klamottenkaufen, das Gefühl, dass mir die Männer hinterherlaufen."

Eine „lose Bekannte" aus Hamburger Zeiten, die vor ihr schon nach Berlin zog, muss ähnliche Probleme gehabt haben, denn sie überredete Agnes, doch wieder ein bisschen die alte Miranda zu sein. „Ansgar müsse es ja nicht merken, hat sie mich beruhigt." Es gäbe da auf dem Schwarzmarkt so Tropfen. Nichts Gefährliches, wenn man es richtig dosiert, aber es könne einem die Männer vom Hals halten, wenn sie zu aufdringlich werden, beschrieb sie Agnes T. die Wirkung und half bei der Beschaffung. Deswegen laufen auch gegen sie Ermittlungen.

Es sind K.-o.-Tropfen von der Art, wie sie seit einiger Zeit als GHB oder Liquid Ecstasy für Unruhe sorgen, weil es zunehmend Übergriffe und Vergewaltigungen gibt, bei denen junge Mädchen und Frauen mit den Tropfen in einen Zustand totaler Hilflosigkeit und Wehrlosigkeit versetzt werden und die Erinnerung verlieren an alles, was nach der Einnahme geschieht. Die Substanz ist geruchs- und geschmacklos, vielleicht ein wenig salzig, aber dann wird es tiefschwarz um einen herum. Polizei und Opfervereine warnen eindringlich vor der Droge und beschwören jeden, äußerst wachsam zu sein mit offenen Getränken in fremder Umgebung. Und weil der Wirkstoff nur wenige Stunden im Körper nachzuweisen ist, die meisten Opfer auch gar nicht merken, dass ihnen ein Betäubungsmittel in den Sekt oder die Cola gegeben wurde, kommen solche Fälle nur selten zur Anzeige.

Auch die beiden Männer, die nun als Zeugen gegen Agnes-Miranda vor Gericht erscheinen müssen, können nur vermuten, was geschah, nachdem die schöne Blonde ihnen in einer Weinbar unmissverständliche Angebote unterbreitet hatte und mit zu ihnen in die Wohnung gegangen war. Dass sie wirklich K.-o.-Tropfen im Getränk hatten, nachdem sie mit Miranda 300 bzw. 350 Euro für eine unvergessliche Nacht ausgemacht hatten, können Sie nicht beweisen. Überhaupt ist ihnen die Sache total unangenehm. Wie sie als erfahrene Männer – nur leider gerade in einer „etwas schwierigen Lebenssituation" der eine, „seit längerem dienstlich in der Stadt, fern der Familie" der andere – sich auf solch eine Verführung überhaupt hatten einlassen können, das verstehen sie heute natürlich gar nicht mehr. Janosz S., 42, ist IT-Manager, Thorsten M., 47, Wirtschaftsprüfer aus Aachen. Am liebsten, das merkt man, würden sie gar nicht darüber reden, wie sie Miranda „mit hoch nahmen", den Champagner öffneten und der jungen Frau das Geld gaben. Sie können sich noch an das Anstoßen, das gegenseitige Aufknöpfen erinnern – „und dann wurde mir plötzlich schlecht und ich sah schwarz, pechschwarz", beschreibt es der IT-Mann. „Als ich wieder zu mir kam, wusste ich gar nichts mehr, irgendwie gab es da eine Frau – ja, aber wo war sie? In der Wohnung nicht, die Tür war zu, es fehlte nichts, war nichts aufgebrochen oder so. Nur daran, dass ich abends noch Geld abhob und den Champagner kaufte, daran hatte ich eine Erinnerung. Das Geld war weg. Aber sonst?" Ähnlich unklar drückt sich der Steuerexperte aus, der seine Zweitwohnung in Berlin hat. Auch er vermisste außer den 350 Euro nichts.

Agnes T. hätte schon früher alles abstreiten können. Hätte sagen können, dass sie mit den Herren zwar mitgegangen sei, aber der Sex wie gewollt stattgefunden hätte und sie dann am Morgen ganz normal nach Hause gegangen sei. Dass die beiden wohl einfach zu viel getrunken hätten. Doch dafür könne sie schließlich nichts. Die K.-o.-Tropfen, eingesetzt wie eine Waffe, hätte ihr niemand nachweisen können. Allein: Agnes-Miranda erzählte einer Freundin davon, sie fand die Masche, ohne Sex an nicht wenig Geld zu kommen, offenbar ziemlich clever. Ob die Freundin nur neidisch oder entsetzt war, erfährt man nicht. Aber sie hat Agnes' neuem Partner davon berichtet. Und der hat Agnes-Miranda vor die Wahl gestellt: „Entweder du klärst das und sagst das der Polizei, oder wir gehen jetzt gleich getrennte Wege. Ich will keine Frau, die fremde Männer anbuhlt und dann noch bescheißt."

So jedenfalls hat Agnes T. es der Polizei gesagt und so wiederholt sie es auch vor dem zögernden Richter, der die Sache einerseits schnell zu Ende bringen will, „weil Sie ja einsichtig sind und die Situation nicht über Gebühr ausnutzten". Der andererseits aber auch Zweifel hat, ob ein solcher Raub mit einem gefährlichen Mittel, das höher dosiert unter Umständen zum Tod führen kann, nicht mit einer schärferen Strafe bedacht werden müsste als am Amtsgericht üblich.

Die blonde Agnes mit der dicken, dunklen Haarsträhne ist voller Reue. Die Tropfen sind sichergestellt, es handelte sich um eine noch fast volle Flasche mit insgesamt zehn Millilitern Inhalt. Ihr Freund Ansgar hält zu ihr, „jetzt, wo sie reinen Tisch gemacht hat", wie er versichert. Er möchte mit ihr zusammenleben, sie werden sich eine kleine Wohnung nehmen. Gemeinsam. Und sie soll endlich ihr Studium beenden. „Das schaffen wir", glaubt er, denn er bringt seit dem Sommer auch wieder Geld nach Hause von seiner Arbeit bei einem Kulturverein.

Der Freund ist am Ende wohl ihre Rettung, ihr „sozialer Halt", wie das Gericht es bezeichnet. Agnes T. wird eine zweijährige Haftstrafe angedroht – und zur Bewährung ausgesetzt. Sie ist nicht vorbestraft, hat das Geld zurückgezahlt und denkt ans Heiraten. „Aber vergessen Sie Miranda", sagt der Richter noch, als das Urteil schon feststeht. „Die hat Ihnen nur Ärger gemacht."

Schlaflos

Mit einer solchen Wesensveränderung seiner Frau hatte ein 70-Jähriger nicht gerechnet. Er will ihr helfen und verliert doch die Geduld.

Vera K. hat zwei Kinder großgezogen, einen Sohn und eine Tochter. Beide Ende Vierzig, gut ausgebildet, mit eigenen Familien. Zu den Eltern, so sagen sie, pflegen sie eine gute Beziehung, sie telefonieren oft miteinander, besuchen sich. „Größere Hilfe von uns haben sie bisher nicht gebraucht." Das stimmt so nicht. Beide, Vater und Mutter, hätten ihre Aufmerksamkeit sehr wohl gebraucht, es ist noch nicht lange her, ein knappes Jahr. Da nämlich musste die ewig kränkelnde Mutter wieder einmal ins Krankenhaus. Und während sonst eher Bluthochdruck, Diabetes und Schilddrüsenprobleme behandelt wurden, stellten die Ärzte diesmal eine schlimmere Diagnose: Hirntumor. Unverzüglich musste operiert werden, denn eine starke Schwellung im Schädelinneren, hinter dem rechten Ohr, bereitete ihr Schmerzen, der Gleichgewichtssinn war gestört, sie taumelte, reagierte panisch und redete wirr.

Zunächst geht alles glatt. Eine gutartige Geschwulst wird entfernt, das Trommelfell transplantiert, die kleinen Gehörknöchelchen, Amboss und Hammer, herausgeschnitten. Das war geplant. Doch während der Operation kommt es zu Blutungen, ein Hämatom bildet sich und breitet sich aus, es verursacht Schäden im Sprachzentrum, im Gedächtnis, ein zentraler Gesichtsnerv bleibt gelähmt. Als Vera K. aus der Narkose erwacht, ist sie nicht mehr sie selbst.

Das war um die Faschingszeit herum. Seit diesem Tag hat die Tochter ihre Mutter nicht mehr gesehen. „Ich habe nur am Telefon gemerkt, wie sehr verändert sie war und welche Sorgen sich mein Vater machte. Ich versuchte, sie zu beruhigen. Zu vertrösten. Ich weiß, ich hätte mich kümmern müssen, aber ich war selbst sehr im Stress." So sagt sie es als Zeugin vor Gericht. Sie hätte die Aussage verweigern können, sie ist eine Angehörige des Angeklagten. Aber sie möchte reden. Möchte, dass man Verständnis findet für ihren Vater, der die Mutter tötete. „Ach, Mädel, es geht nicht mehr", hörte sie ihn bei ihrem letzten Anruf sagen. Vielleicht muss sie auch endlich einmal aussprechen, wie sie sich fühlt – „irgendwie mitschuldig". Sie gesteht es sich ein: „Wir waren nicht da, als er uns am dringendsten brauchte. Wir haben es nicht gemerkt." Auch der Sohn erinnert sich, dass er reichlich hilflos war, als er seine Mutter so anders, so verwirrt, so wesensverändert nach der Operation erlebte.

Wegen Mordes angeklagt ist der 70-jährige Erich K. Er hat seine Frau in der Nacht zum 4. Mai hinterrücks mit einem Küchenmesser erstochen. Mindestens elfmal hieb er auf die Frau ein, von der er immer noch sagt, dass er sie liebte. „Aber ich konnte nicht anders, die Welt brach unter mir weg." Erich K. spricht leise, aber konzentriert. Wie zu einer Beerdigung ist er erschienen, im schwarzen Anzug, mit weißem Hemd und schwarzer Krawatte. Er macht keine Ausflüchte. Sofort, als sich seine Frau nicht mehr regte, rief er Polizei und Notarzt an. „Ich war's", sagte er auch zu den Kindern, als die von seiner Festnahme erfuhren. Nie leugnete er, Vera umgebracht zu haben. Aber warum? Weil sie nicht mehr „seine Vera" war?

Jeder Versuch, die Gründe für den Ausbruch zu finden, führt zu jener Krankengeschichte zurück, zu den Tagen in der Klinik, zu der postoperativen Blutung und all ihren Komplikationen: Der Rückschlag, den Vera K. erleidet, trifft den Ehemann völlig unvorbereitet. „Mir war angst und bange, was mit ihr werden sollte. Sie war verzweifelt, brachte alles durcheinander, wurde störrisch, schimpfte rum, wenn sie fand, etwas müsse anders sein. So kannte ich sie gar nicht." Er versucht, mit den Ärzten darüber zu reden. Aber auch die sind beschäftigt. Für sie ist der Fall nichts Besonderes.

„Sie können Ihre Frau gleich mit nach Hause nehmen", erfährt Erich K., als er am fünften Tag nach der Operation zur Besuchszeit ins Krankenhaus kommt. „Was? Das können Sie nicht machen! Meine Frau ist schwer krank, sie kann nichts mehr allein, sie ist verwirrt!", ruft er in seiner Panik, aber das medizinische Personal ist anderer Meinung. Man könne sich ja um eine Rehabilitation kümmern, dann würde sich ihr Zustand gewiss bald bessern.

Erich K. fühlt sich überrumpelt. Er ist mit seinen siebzig Jahren selbst nicht der Gesündeste, auch er nimmt starke Tabletten gegen Bluthochdruck und spritzt Insulin. Aber das zählt im Moment nicht. Jetzt ist seine Frau die Hauptperson, um die er sich kümmern muss. Er fährt sie zur Reha, besucht sie fast täglich, besorgt ihr alles, was sie sich wünscht und braucht. Aber es geht nicht recht vorwärts. Nach wie vor bleibt ihre eine Gesichtshälfte gelähmt. Vera K. schämt sich, fühlt sich entstellt, will nicht raus, nur im Dunkeln. An manchen Tagen scheint sie zu vergessen, warum sie hier ist und wer vor ihr sitzt. Und sie wird misstrauisch. Sie klagt, schimpft über die Behandlung, schickt ihren Mann von Pontius zu Pilatus, um ihr irgendetwas zu kaufen, und dann ist es doch nicht das Richtige. Nur körperlich erholt sie sich ein wenig. Psychisch nicht. Erich K. wird dünnhäutig.

Als nach drei Wochen die Reha vorbei ist, holt er sie wieder nach Hause, und der Streit geht weiter. Mal verdächtigt sie ihn, dass er ihre Medikamente vertausche, dann schickt sie ihn aus dem Haus, weil er sie störe. Oder sie jammert, weil er nicht genug um sie herum ist. „Ich glaube, das war ziemlich ungerecht von ihr", sagt auch der Sohn, der seine Eltern kurz nach der Reha in ihrer Wohnung besuchte. „Mein Vater war wirklich unendlich um sie besorgt, sprang schon, bevor sie etwas sagte. Aber sie hatte sich sehr, sehr verändert. In einem Augenblick war sie gereizt und nervös, im nächsten amüsierte sie sich beinahe kindisch über völlig belanglose Sachen. Ich wusste ja, dass sie krank war, nichts dafür konnte, aber ich dachte an diesem Tag: Mütterchen, was haben sie nur aus dir gemacht?"

Erich K. erzählte seinem Sohn, dass er nicht mehr recht weiter wisse. Dass er die Mutter nicht aus den Augen lassen konnte, weil sonst irgendwas schiefging. Dass sie manchmal am Herd stand und die unmöglichsten Dinge zusammenmischte. Dass sie gereizt sei, unglücklich, weil sie sich so schlecht fühle. Doch bisher konnte kein Arzt helfen, jeder sagte nur: Geduld! „Mein Vater war fix und fertig, das sah ich ihm an", räumt der Sohn ein. „Aber es gab da eine große Hoffnung: Für den 4. Mai hatten sie einen Termin beim Neurologen erhalten. Dem musste etwas einfallen! Und bis dahin, so hoffte ich, würde Papa es schaffen."

Auch Vera und Erich K. setzten all ihre Zuversicht auf den Spezialisten. Er sollte es richten, ihm trauten sie Wunder zu, schließlich verwiesen alle anderen Mediziner auf diesen Fachmann. Erich K. erinnert sich, was dieser Termin für ihn bedeutete: „Ich dachte, er weiß irgendein Mittel, um meine Frau wieder zurückfinden zu lassen zu ihrem früheren Leben, zu ihrem ausgeglichenen Wesen, ihrem Humor, ihrer inneren Ruhe." Denn all das hatte sie verloren. Und das Schlimmste für ihn war, dass sie selbst nachts keine Ruhe gab. Seit sie aus der Reha-Klinik entlassen worden war, geisterte sie in frühen und frühesten Morgenstunden geräuschvoll durch die Wohnung. Sie verpflanzte Blumen, räumte Schränke aus, warf Geschirr weg, kramte in Fächern und Schüben, stapelte Hausrat auf, um ihn anschließend umzuverteilen oder wegzuschmeißen. „So was macht doch kein normaler Mensch!", bricht es am zweiten Verhandlungstag aus dem Angeklagten heraus, „ich konnte einfach nicht mehr. An Schlaf war seit Wochen nicht mehr zu denken, ich schreckte beim leisesten Geräusch auf, weil ich um ihre Unruhe wusste. Ich war ständig bei ihr, um sie zu besänftigen, aber sie beschimpfte mich dafür noch: ‚Was kann ich denn dafür, wenn du Trottel keinen Schlaf findest. Geh du doch zum Arzt, lass du dir doch was verschreiben!' "

Am Abend vor dem 4. Mai, dem Tag, den er so herbeigesehnt hatte, ging er mit seiner Frau noch einmal alle Arztunterlagen durch, sie überlegten alle Fragen, die sie stellen wollten. Aber Vera K. konnte sich nicht konzentrieren. „Lass das", meinte sie unwirsch und wischte die Papiere vom Tisch. Auch im Bett kam sie nicht zur Ruhe, obwohl von den Tests und Untersuchungen am nächsten Morgen so viel abhing. „Da musste sie doch fit sein." Erich K. sagt, er habe mit Engelszungen geredet, aber es kostete ihn die letzte Kraft. „Reg dich nicht auf, sie macht es nicht böswillig", mochte er noch gedacht haben, als ihm die Augen zufielen.

Doch dann krachte es heftig. Bei hellem Licht und im leichten Nachthemd hockte Vera K. im Bad und leerte die Schränke. Kosmetika plumpsten in die Wanne, hämisch hallte in seinen Ohren ihr Unverständnis: „Na, wieder mal schlaflos?" Als Schutz vor dem, was jetzt passierte, verlässt ihn die Erinnerung. Erich K. beteuert, dass er keinen klaren Gedanken mehr fassen konnte, dass er, überreizt und übermüdet, etwas getan haben muss, was er sich nie im Leben zugetraut hätte. Er weiß noch, dass er in die Küche lief und ein Messer griff. Dass sich seine Frau zu ihm umwandte und er zustieß. Dass sie noch sagte: „Jetzt bin ich wohl tot." Dann war sie ruhig und ganz still. „Mehr wollte ich doch nicht ... Warum ist sie tot?"

Die klare Antwort kann ihm die sehr faire und sachliche Richterin nicht ersparen: „Weil Sie die Kontrolle verloren und sie getötet haben." Sie sagt nicht, „weil Sie sie ermordet haben". Vom Mordvorwurf ist das Gericht inzwischen abgerückt, zu tragisch verquicken sich hier die Umstände. Es versucht, sich in die zuletzt so schwierigen Lebensumstände dieses lange verbundenen Rentnerpaares, das mehr als fünfzig Ehejahre friedvoll miteinander verbrachte, hineinzuversetzen. Heimtückisch und aus niederen Beweggründen muss ein Mörder handeln, sagt das Gesetz, dann ist eine lebenslange Freiheitsstrafe angemessen. Das hat Erich K. nicht getan. Aber er hat seine Frau erstochen, aus Wut und Verzweiflung. Erschöpft, alleingelassen und überfordert. Elf tiefe Stiche fügte er ihr zu, traf Herz und Lunge.

„Vera K. wollte noch nicht sterben", heißt es im Urteil. Der Rentner K. verabschiedet sich von seinen Kindern und geht für siebeneinhalb Jahre in Haft.

Drei gegen einen

Weil Geld für die Disko fehlt, pöbeln drei junge Männer einen Fremden an. Einer von ihnen überlebt das nicht.

„Ich hatte keine Zeit zum Überlegen. Es ging alles so schnell", flüstert Gerd P., und viel mehr erfährt man von ihm nicht. Der 45-Jährige zittert am ganzen Körper, er versteckt sich in seiner Kapuzenjacke, er sieht verweint aus und blass, und wenn er könnte, würde er wohl nur zu gern unbehelligt von diesem Ort verschwinden.

Aber verschwinden kann er nicht. Er ist Nebenkläger in einem Gerichtsverfahren, er war das Opfer eines Raubüberfalls. Nun ist einer der Täter angeklagt, und das Gericht muss über Schuld und Sühne entscheiden. Dazu braucht es eventuell Gerd P.s Aussage.

Sein Anwalt bittet die Richter um Verständnis. „Herr P. leidet noch immer unter den schrecklichen Geschehnissen vom letzten Winter, er kommt nicht damit klar, dass ihn zwar rechtlich keine Schuld trifft, dass er aber trotzdem einen Menschen getötet hat. Seine Gedanken kreisen immer wieder um jenen Abend. ‚Warum', so fragt er sich, ‚habe ich mich überhaupt gewehrt? Wäre ich doch einfach feige gewesen. Hätte ich doch nur diesen verdammten iPod rausgegeben und mich verprügeln lassen. Ich wäre schon nicht gestorben. Nun aber ist dieser Junge tot. Und ich, ich habe ihn erstochen …' "

Fast ein Jahr ist das her, aber Gerd P. kann seitdem nicht mehr ohne böse Träume schlafen. Er arbeitet nicht mehr, er fürchtet sich im Dunklen auf der Straße, er zog weg aus der Gegend, in der es geschah, er ist in psychotherapeutischer Behandlung, doch das alles hilft nur in Maßen. Er hat seinen Job als Sicherheitsmann und seine Freunde im Sportclub verloren, weil die nicht verstehen, warum er immer noch jammert. Er war doch im Recht: Er wurde attackiert und hat sich gewehrt. Er hat seine Angreifer gewarnt, ihnen das Messer gezeigt, das er in der Jackentasche bei sich trug, er hat laut gerufen „Lasst mich in Frieden, verschwindet!". Dafür gibt es Zeugen. Zeugen, die beobachteten, wie nachts gegen halb zwölf drei junge aufgeputschte Männer gemeinsam über einen Passanten herfielen, der nach seiner Spätschicht unterwegs zur Videothek war, um noch eine DVD auszuleihen. Der Mann war allein unterwegs, in sich gekehrt, er hatte Kopfhörer auf der schwarzen Wollmütze, und er reagierte anfangs gar nicht. „Er war nicht auf einen Streit aus, ganz bestimmt nicht", schildern Beobachter. „Aber die drei umringten ihn schnell, zogen an seinen Sachen, rissen ihm die Kopfhörer weg, forderten lautstark Geld."

Gerd P., so erzählen sie, habe darauf die Straßenseite gewechselt, sei schneller gelaufen, hätte versucht, zu entkommen. Aber die Jungs ließen nicht locker. Selbst als er das Messer hochhielt, soll einer der drei noch nach ihm geschlagen und mit Füßen getreten haben. Dann überstürzen sich die Ereignisse: Einer der jungen Männer bricht zusammen, fällt hart auf den Boden und regt sich nicht mehr. P.s Messer hat ihn ins Herz getroffen. Ob gezielt oder unglücklich, lässt sich im Nachhinein nicht mehr klären. Aber Maximilian H. ist tot. Auf der Stelle. Der Notarzt, den Gerd P. von seinem Handy aus ruft, kann nichts mehr ausrichten.

Der Polizei bleibt nur, alle Beteiligten vorläufig festzunehmen und bis zum folgenden Tag wegzusperren, bis sich aus den ersten Aussagen ein halbwegs schlüssiges Bild formt: Maximilian H., Benjamin J. und Julian A. haben in räuberischer Absicht den ihnen fremden Mittvierziger Gerd P. auf offener Straße überfallen, sie hatten Grund zu feiern, aber kein Geld, und in Berlin-Mitte, dort wo sie sich vergnügen und tanzen wollten, geht ohne Eintritt und teure Getränke nichts. Also sollte P. für sie zahlen. Warum lief der ihnen auch nachts in die Quere? Sein iPod und 50 Euro sollten fürs Erste genügen. Doch beides wollte der Mann einfach nicht hergeben.

„Das wäre doch gelacht, wenn wir den nicht kleinkriegen", soll Max H. die anderen angestachelt haben, aber dazu gehörte wohl nicht viel. Alle drei hatten schon vorgeglüht. Mit Bier und Energydrinks aus dem Supermarkt, dazu ein Tütchen Haschisch, eine Prise Kokain. Sie sagen selbst, dass sie sich „ein bisschen in Stimmung gebracht hatten". Um das Gehirn komplett auszuschalten reichen diese Dinge nicht, jedenfalls nicht in so relativ geringer Menge. Max, Ben und Julian wussten also sehr wohl, was sie taten. Und genau das machte sie stark. Gefühlt überlegen. Hemmungslos. Angriffslustig bis zu dem Moment, als ihr Freund blutend und reglos auf der Straße lag.

Benjamin J. war der Älteste von ihnen. Er ist inzwischen zwanzig. Und er ist selbst handgreiflich geworden, das gibt er zu. „Aber ein solches Ende, das wollten wir doch alle nicht ...", schluchzt auch er vor Gericht. Er ist der einzige des Trios, der sich hier verantworten muss. Max verblutete, Julian hielt sich zurück. Seine Anwältin sagt, dass auch Benjamins Leben aus den Fugen geraten ist. Dass er zuvor nie mit ernsten Folgen übermütigen Tuns gerechnet hatte. Dass der sinnlose Tod seines Freundes ihn mehr als alles andere zum Grübeln brachte. Ja, auch die Verhöre und Untersuchungen bei der Mordkommission hätten ihm einiges klar gemacht, die Verzweiflung seiner Mutter. Aber dass „sein" Maximilian nicht mehr lebt, dass er nie wieder irgendetwas mit ihm unternehmen, nie mehr mit ihm reden kann, das wird er sich nicht vergeben. „Wären wir doch nur zu Hause geblieben in unserem Zustand, warum mussten wir unbedingt in die Disko? Hätte nicht alles anders sein können?"

Drei Monate lang zog sich Benjamin J. nach dem Überfall aus der Stadt und von allen Freunden zurück, lebte bei seiner Oma auf einen mecklenburgischen Bauernhof. Dann kam er zurück nach Berlin, setzte seine Maurer-Lehre fort, die er unbedingt abschließen will, und formulierte mit seiner Anwältin ein Geständnis.

Das erspart dem Überfallenen Gerd P. nun die öffentliche Aussage. Er muss den Richtern nicht noch einmal erzählen, wie der Überfall geschah, wie er sich fühlte, als Maximilian, Benjamin und Julian, alle einen Kopf größer als er, ihn umringten und bedrohten. Wie die Angst in ihm aufstieg. Wie er zustach. „Danke dafür", lässt er seinen Anwalt ausrichten.

Das Gericht verzichtet unter Abwägung aller Umstände auf eine härtere Bestrafung. Benjamin J. sei der Tod seines Freundes hoffentlich Warnung und Mahnung und Wegweiser genug, sagt der Vorsitzende Richter. Andernfalls sähe man sich sehr schnell wieder. Er hält ein sogenanntes „Zuchtmittel", ja, dieses Wort gibt es im Jugendstrafrecht wirklich, für ausreichend. Bis zu seiner theoretischen Abschlussprüfung im Mai soll Benjamin J. 40 Stunden sinnvolle Freizeitarbeit leisten und die Zeit weiter zum Nachdenken nutzen. „Vor allem wünsche ich Herrn P. viel Kraft, wieder zu sich zurückzufinden", ergänzt der Richter noch, bevor alle auseinandergehen.

Ambulanz, Ambulanz!

Ein Rentnerehepaar hält seine langjährige Nachbarin für eine Bettlerin und versagt Hilfe in der Not.

Es ist ein erstaunlich heller Tag im Frühjahr. Die Rentner Brigitte und Peter L. bereiten in ihrer Steglitzer Wohnung das Mittagessen vor. Sonnenstrahlen fallen ins Wohnzimmer, die Kartoffeln könnten jeden Moment aufgesetzt werden. Da klingelt es im Flur. Wer kann das sein? Das Ehepaar erwartet keinen Besuch.

Brigitte L. schaut ihren Mann fragend an, dann geht sie zur Tür, öffnet, sieht eine fremde Frau, die ihr barfuß, aber in viele Bekleidungsschichten gehüllt, die Hand entgegenstreckt. Das dunkle Kopftuch, das auf dem dichten Haar der Fremden verrutscht ist, weckt Frau L.s Misstrauen. Zur Mittagszeit einfach so an der Wohnungstür betteln – so weit kommt es. Sie schüttelt unwirsch den Kopf und drückt die Tür ins Schloss. Was los war, will ihr Mann wissen, aber Frau L. winkt ab, lass gut sein. Doch die Fremde gibt nicht auf. Erneut schlägt sie an die Tür, begehrt Einlass. Diesmal schaut auch Herr L. durch den Spalt, aber mehr Aufmerksamkeit erntet die Person draußen auf dem Treppenabsatz trotzdem nicht. „Gehen Sie", schließt er die Tür.

Das Ehepaar fühlt sich gestört. In ihrem Haus ist schon lange nicht mehr alles so ruhig, wie es mal war. Die Mieter haben gewechselt. Die türkische Familie gegenüber verfällt immer öfter in Streit, man hört Schimpfen und Schreien. Sonst gibt es keinen Kontakt untereinander. Und nun wird es wirklich Zeit fürs Essen.

Es dauert vor dem Amtsgericht fast zwei Stunden, ehe sich Brigitte und Peter L. auf eine solch karge Aussage einlassen. Manches deuten sie nur an, sie legen sich mit ihren Worten nicht fest. Nur dass sie die Fremde vor der Tür für eine Bettlerin hielten, die dort nicht hingehörte und ihnen Angst einflößte, das wollen sie noch einmal betonen. „Sonst hätten wie sie doch nicht weggeschickt ..." Aber man hört ja so vieles über Trickbetrüger an der Wohnungstür, über vermeintlich Hilfesuchende, die anschließend das Geld aus der Zuckerdose stehlen. Gerade wurde ein junger Mann in Berlin zu einer fast dreijährigen Freiheitsstrafe verurteilt, weil er sich als

Kurier ausgab, der ein Päckchen zustellen wollte. Den alten Herrn, der ihm öffnete, stieß er brutal zu Boden, fesselte und knebelte ihn mit Klebeband und Kabelbinder, raubte seine EC-Karte und 40 Euro aus dem Portemonnaie. Der 93-Jährige überstand den Angriff zum Glück mit ein paar Schürfwunden am Rücken und einem Riesen-Schrecken. Die Polizei ermittelte den drogensüchtigen Täter, der Monate zuvor als Untermieter im selben Haus gewohnt hatte, anhand der Fingerabdrücke, die er am Klebeband hinterließ und die sich auch in der Datei des Bundeskriminalamtes fanden. „Ich bin schuld, ich habe einen großen Fehler gemacht", sagte der alte Herr als Zeuge vor Gericht. „Ich hätte die Kette nicht ausklinken dürfen. Dann hätte der Räuber nicht in die Wohnung gekonnt. Aber ahnt man denn so was? Dass einer so dreist ist?"

Das Ehepaar L. war da deutlich vorsichtiger – und genau das bringt ihm nun die Anklage ein. Der Vorwurf: unterlassene Hilfeleistung. Denn die Frau vor der Tür war keineswegs eine Fremde, sondern die langjährige Nachbarin Hilal D., die seit fast neun Jahren in Berlin und seitdem auch im Haus der L.s wohnt, sozusagen Tür an Tür. Man habe sich mitunter gesehen, viel gesprochen allerdings nicht. Hilal D. fand seit ihrer Ausreise aus der Türkei hier keinen Kontakt, sie hütete die Kinder und führte den Haushalt, sie hat die Sprache nicht gelernt, mit der sie mit den Nachbarn kommunizieren könnte.

Ihr Mann hält sie streng – und wenn etwas nicht nach seinem Willen geht, schlägt er sie. Zweimal hat Hilal D. mit den Kindern den Ausbruch aus der häuslichen Enge versucht. Sie lief ins Frauenhaus, versteckte sich dort. Aber die Familie des Ehemannes hat sie immer wieder gefunden und zurückgeholt. Mit Drohungen und mit Versprechen. Zuckerbrot und Peitsche. „Ich habe Angst vor ihm, aber ich brauche ihn auch, ich habe sonst keinen hier", lässt Hilal D. ihren gerichtlich bestellten Dolmetscher übersetzen.

Die 39-jährige Türkin ist das Opfer der angeklagten Tat und Zeugin gegen die Eheleute L., die ihr keine Hilfe gewährten, als sie sie dringend brauchte. Als sie in ihrer Not an jenem hellen Märztag zur Mittagszeit schwer verletzt, mit einem Messerstich im Bauch, an der Nachbarstür um Hilfe bettelte. „Ambulanz, Ambulanz!" will sie gerufen haben, als Brigitte L. öffnete, und: „Mein Mann hat mich gestochen mit Messer." Ja, daran erinnert sie sich, aber da sie kaum ein deutsches Wort spricht, auch nicht versteht, als die Richterin sie bittet, sich bei ihrer Aussage hinzusetzen, mag das Erinnerte unter Umständen auch nur ein unverständliches Gestammel gewesen sein. „Hatten Sie denn viel Blut verloren, waren Sie bei Bewusstsein nach der Tat?", wird sie gefragt, und Hilal D. schildert auf Türkisch, wie ihr Mann sie nach einem Streit angegriff, sie auf den Boden warf und ihr das große Dönermesser in den Leib stieß. Er zog es wieder raus, legte es neben sie und verschwand. Zuvor aber rief er noch seine Familie an und suchte die Pässe der Kinder. Sie bat, er solle doch einen Arzt holen, aber er lachte sie nur aus. „Blut? Nein, Blut kam nicht, aber ich fiel wohl in Ohnmacht. Ich weiß nicht, wie lange. Als ich erwachte, hatte sich ein sehr, sehr alter Mann mit einem langen weißen Bart über mich gebeugt und gesagt: Du lebst. Du schaffst es! Steh auf, hat er gesagt. Das war vielleicht Gott."

Man weiß nicht, in welchem Zustand Hilal D. an der Tür ihrer Nachbarn klopfte oder klingelte, ob man ihr das Leid, die Verletzung ansah, was sie wirklich sagen konnte. Es gibt nur ihre Aussage und die dürren Erklärungen des Ehepaars L. Polizei und Krankenwagen riefen schließlich der Besitzer eines kleinen Cafés unten im Haus und eine gelernte Krankenschwester, die sich dort als Gast aufhielt. „Die Frau, die sich da mit letzter Kraft ins Café schleppte, brachte nur das Wort `Schmerzen´ heraus, sie krümmte sich, hielt sich die Seite und brach dann zusammen", gibt die Zeugin zu Protokoll. Floss Blut? Sah sie eine Wunde? „Nein, zuerst nicht. Aber die Frau hatte auch viele dicke Sachen an, lange Hosen, mehrere Kleider, darüber eine Strickjacke. Erst als sie auf dem Boden lag und ich ihr ein Kissen unterlegen wollte, sah ich die Verletzung, doch das Blut floss wohl eher nach innen, nach außen sickerte nur wenig. Gefährlich ist das genauso, aber es fällt weniger auf. Gott sei Dank kam die Feuerwehr schnell."

Der gewalttätige Ehemann von Hilal D. wurde von einem Gericht bereits zu einer Haftstrafe verurteilt. Das Rentnerpaar L. wird freigesprochen. Im Zweifel für den Angeklagten. „Bestraft wird, wer wegschaut, wenn andere in Not sind, und das geschieht in dieser Stadt sehr oft", beginnt die Richterin ihre Erklärung, „Kinder werden misshandelt, Menschen auf U-Bahnhöfen geschlagen und getreten ... Dass auch Sie so handelten, konnte hier nicht nachgewiesen werden."

Viel zu heiß

Eine 91-jährige Patientin stirbt in einem Heim, weil ihr Pfleger unachtsam war. Doch sind alle anderen schuldlos?

Die Jeans hängen ein wenig in den Kniekehlen, das blaue Hemd steckt eher nachlässig im Hosenbund, der Dreitagebart könnte auch ein Viertagebart sein. Der 33-jährige Sebastian F., Vater von drei kleinen Kindern, gibt sich keine Mühe, seriöser zu wirken als er ist. Er hat auf dem Bau Zupacken gelernt, war aber immer wieder auch arbeitslos. Damit wollte und konnte er seine Familie nicht versorgen, er suchte etwas „Beständiges", etwas „Nützliches", wie er sagt. „Nein, viel verdienen kann ich auch als Pflegehelfer nicht", bestätigt er der Richterin, die ihn nach seinen Lebensumständen, seinem Einkommen befragt. „Aber 1.200 Euro netto und eine Arbeit mit Menschen, bei der man weiß, was man macht, das ist schon okay."

Diese Arbeit und dieses Einkommen hat Sebastian F. soeben wieder verloren, mitten im Prozess, der gegen ihn geführt wird. Seine Chefin hat ihm das Kündigungsschreiben durch den Türschlitz gesteckt nach dem ersten Verhandlungstag, noch bevor das Gericht sich darüber klar war, ob es den jungen Mann mit der stämmigen Figur und den hellen, freundlichen Augen verurteilen wird. Denn er hat bei seiner Einstellung nichts von dem Todesfall erzählt, den er an seinem vorherigen Arbeitsplatz verursacht haben soll. „Wer hätte mich denn genommen mit dieser Vorgeschichte?"

Nun las die Chefin davon in der Zeitung und reagierte blitzschnell. Darüber ist auch die Vorsitzende Richterin verwundert. „Gab es denn kein Gespräch? Keine Anhörung? Selbst im Falle eines Schuldspruches kommt es doch sehr auf die Umstände an, und die wollen wir erst einmal klären."

Die 91-jährige Margarete W. starb an multiplem Organversagen im Berliner Unfallkrankenhaus Marzahn. Wenige Tage zuvor war sie hier als Patientin aus einem Seniorenheim eingeliefert worden. Sie wimmerte vor Schmerzen und hatte im Genitalbereich eine akute, handtellergroße Hautverbrennung, als sie auf die

Station kam. Ein Arzt erinnerte sich später an eine Wunde, „die aussah, als hätte man Frau W. auf eine heiße Herdplatte gesetzt".

Sie selbst konnte dazu nichts sagen, denn schon vor ihrer Einlieferung war Margarete W., eine gebrechliche alte Dame, hochgradig dement und hin- und hergerissen in ihren emotionalen Zuständen. „Mal küsste sie mich schon früh am Morgen und sagte, sie wolle mich heiraten, dann stieß sie mich weg und schrie, wenn ich sie nur berühren wollte", erzählt Sebastian F. Seine Kollegen bestätigen ganz ähnliche Erfahrungen. Demente Patienten zu betreuen erfordert ein Höchstmaß an Erfahrung und Zuwendung, aber auch klare Regeln und größte Achtsamkeit. Nie kann der Betreuer ganz sicher sein, welche Reaktionen er auslöst, wie sich der verunsicherte, in seinem Umfeld nicht mehr orientierte Mensch verhält. Die Alzheimererkrankung von Margarete W. war weit fortgeschritten, sie hatte gute und schlechte Stunden, „aber ich mochte sie. Eigentlich war sie meine Lieblingspatientin", sagt der Angeklagte ohne Pathos. „Wir kamen gut klar miteinander, sie war ein lieber Mensch."

Der Vorwurf, dass sie trotzdem durch seine Hand starb, bleibt im Raum. „Ich hätte mir dieses schreckliche Ende eines Fünf-Sekunden-Abduschens damals nie und nimmer vorstellen können", beschreibt Sebastian F. den verhängnisvollen Nachmittag, an dem er gegen 16 Uhr den Dienst in der 3. Etage antrat. „Hier betreuen wir ausschließlich demente Patienten mit den unterschiedlichsten sonstigen Leiden, die meisten müssen gewaschen und gewindelt werden." Im Heim grassierte eine Darminfektion, und auch Frau W. hatte sich wieder eingemacht. „Sie war unruhig. Ich versuchte, sie auf die Toilette zu bringen, sie zu säubern", erinnert sich Sebastian F., „aber der Po war schon ziemlich wund. Ich befürchtete, ihr mit dem Toilettenpapier wehzutun. Ich wollte sie abspülen, im Sitzen. Der Duschschlauch seitlich an der Wand reichte von der Länge her gerade so aus. Ich drehte das Wasser an, doch es erschien mir zu warm, es sollte ja angenehm sein, also schob ich den Hebel ein Stück weiter nach rechts und brauste sie dann fix ab. Damit sie mir nicht vom Klo rutschte, musste ich sie festhalten. Sie jammerte ein wenig, aber das tat sie ja oft beim Waschen. Ich beeilte mich, es ging auch ganz schnell. Ich trocknete sie ab und brachte sie zurück ins Zimmer." Dann war der nächste Patient dran.

Zehn demente, schwerst pflegebedürftige Menschen leben auf dieser anspruchsvollen Station in der dritten, obersten Etage des Heims. Manchmal sind am Morgen zwei Pfleger – nein, korrekt: Pflegehelfer, dieser Hinweis muss sein, weil das Maß an Erfahrung und vor allem der Grad der Ausbildung gravierend voneinander abweichen – für die Betreuung der Patienten zuständig, später am Tag und nachts nur einer allein. Mitarbeiter kommen mitunter ganz ohne Ausbildung. Sebastian F. beispielsweise wurde nach einer einwöchigen Anlernphase, ohne jedes pflegerische Basiswissen, eingestellt, weil er lernbegierig war und einsatzbereit, und weil es an Geld und Personal wie in fast allen Heimen mangelte.

Er sah dies als Chance, für Margarete W. war es verhängnisvoll. Denn der Hebel der Duscharmatur, den Sebastian F. an jenem Tag betätigte, wies in die falsche Richtung. Durch ein Missachten der Anbaurichtlinien, von wem und wann auch immer erfolgt, waren die Anschlüsse der Armatur vertauscht. Aus Richtung „blau", also kalt, floss heißes Wasser, aus Richtung „rot" hingegen kaltes. Sebastian F. beteuert, das nicht gewusst zu haben. Und auch andere Pfleger können sich nicht erinnern, davon gehört zu haben. „Wir nutzen diese Dusche ja eher selten", sagt eine Zeugin. „Ich wäre nicht auf den Gedanken gekommen, einer Patientin den Po abzuputzen auf dem Klo", ergänzt eine zweite. Und die Leiterin der Einrichtung findet das sogar „unmöglich". „So etwas macht man nicht. Und man lernt es in der Pflege-Schule auch anders." Dass Sebastian F. keine Pflege-Schule besuchte? Nebensache. Dass ein Bidet ähnlich funktioniert? Eine Ausrede. Und der Baupfusch? Tragisch, aber so etwas käme vor.

Und so lässt sich am Ende fast alles entschuldigen: Dass die oberste Etage eben noch nicht dran gewesen sei beim Umbau und Modernisieren. Dass man auf die simple Idee, einen Temperaturstopp, einen Thermostat in diesen sensiblen Bereich einzubauen, nicht gekommen war, weil ja noch nie etwas passiert sei und es sich wohl auch nicht rentiere. Dass die Demenzstation immer irgendwie hintenan stand, wenn es um Ausstattung und Zuwendung ging, sagt keiner laut. Lieber hilft man sich mit Provisorien: Wenn nachts eine Pflegekraft allein im Haus unterwegs ist, werden schon mal Sessel in die Lichtschranke des Lifts gestellt, damit kein ruhelos Umherwandernder ausreißen kann, und vor den Türen zum Treppenabgang kleben Bilder von Bücherregalen als Attrappen.

Bilder hat übrigens auch Hilfspfleger Sebastian F. auf seiner Station aufgenommen. Er hat sie fotografiert: die Betreuten und die Betreuer. Und die Porträts aufgehängt. „So kann man sehen, wer wo wohnt, und die Patienten können sich vielleicht auch die Gesichter ihrer Pfleger besser merken. Frau W. hatte immer große Freude an den Fotos."

Frau W. lebt nicht mehr. Sie starb wenige Wochen vor ihrem 92. Geburtstag, weil Sebastian F. in einer konkreten Situation mit ihrer Pflege überfordert war und eine grundlegende Sorgfaltspflicht vergaß: Er überprüfte nicht noch einmal, ganz zum Schluss, die endgültige Temperatur des Wasser, mit dem er seine Patientin wusch. Er verbrühte sie in einem ganz besonders empfindlichen Hautareal, und der Schock, den sie dadurch erlitt, brachte ihren schwachen Körper zum Kollabieren. Herz und Lunge, schwer vorgeschädigt, konnten diesen Ausnahmezustand nicht verkraften. Ein medizinisches Gutachten lässt daran kaum Zweifel.

Inzwischen hat auch Sebastian F. diese, seine Schuld begriffen. „Aber wie kann ich wiedergutmachen, wenn nicht durch Helfen? Ich möchte wirklich gern in diesem Beruf weiterarbeiten." Die Richterin weiß, wie schwierig das wird, sie erklärt, dass die ausgesprochene Strafe – eine Geldstrafe von 900 Euro – im juristischen Sinne keine Vorstrafe sei, ihn dennoch empfindlich an sein Versagen erinnern soll. „Ja, es gab auch eine Verkettung unglücklicher Umstände. Aber das entschuldigt nichts. Zum Tod von Frau W. geführt hat Ihr falsches Handeln. Sie hatten Alternativen, Sie waren kein Galeerensklave. Nutzen Sie dieses Wissen. Wir wünschen Ihnen dabei viel Glück."

Buntes Vögelchen auf Reisen

Eine Kunststudentin ist der Ansicht, mit einem fremden Ausweis einen Freifahrtschein zu besitzen.

„Nennen Sie mich Hannaaaaahhhhh", sie dehnt die zweite Silbe, „Hannaaaaahhhhh mit zwei a und einem h hinten", bittet die Angeklagte. Der Richter schaut irritiert: „Aber Sie heißen schon Hannelore Andrea, wie es in der Akte steht, oder?" Hannaah mit zwei a und einem h hinten trotzt ein wenig. „Muss ich denn, nur, weil meine Eltern diese fürchterlichen Namen schön fanden, für immer damit leben? Hannaah ist mein Ruf- und Künstlername, und ich finde es legitim, ihn zu benutzen." Der Richter, ein Mann Mitte fünfzig und von beeindruckender Statur, hält sich mit solchen Kleinigkeiten nicht auf: „In den Akten bleiben Sie Hannelore Andrea. Wenn aber Ihr Seelenheil von der Anrede hier abhängt, so will ich nicht an Verletzungen schuld sein. Ich duze Sie ohnehin nicht, Frau H."

In dem zarten, lockigen Wesen in seinen dünnen Ballettschuhchen, einem fast durchsichtigen fliederfarbenen Seidenrock mitten im Winter und buntgeblümter kurzer Puffärmel-Bluse eine gestandene „Frau H." zu sehen, fällt jedoch schwer. „Sind Sie sicher?", fragt der Richter, als sie ihr Alter mit siebenundzwanzig angibt, dabei hat er ihre Personalien vor sich, und das hingetupfte Persönchen antwortet: „Ja, ich weiß, das sieht man mir nicht an, ich werde immer für siebzehn gehalten. Das macht es mir ja so schwer, von meiner Kunst zu leben."

Nun, das mit der Kunst ist eine andere Sache. Vor Gericht angeklagt ist eine simple Schwarzfahrerei. Nein, nicht eine – mindestens neun Mal soll Hannaah H. für ihre Reisen mit der BVG und der Deutschen Bahn keinen gültigen Fahrausweis besessen und auch die geforderte Nachlösegebühr nicht bezahlt haben. „Leistungs-Erschleichung" heißt das amtsübliche Wort für dieses Vergehen, das erst von einem Verkehrsbetrieb angezeigt werden muss, damit sich Staatsanwaltschaft und Gericht schließlich einschalten. Zwei-, dreimal lässt sich der Fahrbetrieb solch eine Schlamperei in der Regel gefallen, danach aber wird er aktiv:

Allein im dem Jahr, als Hannaah H. erwischt wurde, sollen in Berlin 8.558 Verfahren gegen Schwarzfahrer eröffnet worden sein. In über 7.000 Fällen gab es Verurteilungen – sie reichten von Geld- und Bewährungsstrafen bis hin zu Jugendarrest und in einzelnen Fällen auch Gefängnisstrafen ohne Pardon. Dann allerdings hatte der Delinquent zuvor meist schon andere Straftaten begangen.

Auch Hannelore Andrea H. alias Hannaah ist kein ganz unbeschriebenes Blatt. Sie hat ihre „Künstlerlaufbahn" mit einer Urkundenfälschung und einem Betrug begonnen, als sie sich auf dem Briefbogen einer renommierten Hamburger Galerie ein erstklassiges Praktikumszeugnis ausstellte und im Namen des Galeristen ihre „einzigartigen Talente" auf dem Gebiet der „künstlerischen Collage" lobte. Auch wiesen einige ihrer zur Bewerbung eingereichten Arbeiten frappierende Ähnlichkeit mit Miniaturen auf, die die Hamburger Galerie damals in ihrem Fundus hatte. Beides half womöglich bei ihrer Aufnahme an der Berliner Universität der Künste, doch der Galerist war wenig amüsiert und erstattete Anzeige. Zur Exmatrikulation kamen sechs Monate Haft, erlassen auf Bewährung.

Hannaah H.s Karriere knickte, aber aus jener Zeit stammt eine Brieftasche, die ihr im Folgenden wenigstens die eine oder andere Annehmlichkeit bringen sollte. Der Personalausweis einer Kommilitonin, ihr Studentenausweis samt Semesterticket und VISA-Karte steckten in der Börse, die Hannaah H. in der Mensa fand. „Ich wollte sie eigentlich irgendwann mal abgeben, aber dann kam der ganze Knatsch mit der Exmatrikulation, ich war sauer, und außerdem hatte ich nun ja auch keinen Studentenausweis mehr. Also nahm ich kurzzeitig ihren." Doch bald darauf lief der ab, und Hannaah H. musste zu einem anderen Trick greifen. Von nun an nämlich fuhr sie „frei" mit allen öffentlichen Verkehrsmitteln. „Ich wurde eigentlich erstaunlich selten erwischt", gibt die kleine Künstlerin zu. Als sie merkt, dass diese Bemerkung taktisch nicht besonders klug ist, revidiert sie sich schnell: „Das stimmt so natürlich nicht, denn meistens nahm ich ja das Fahrrad." Trotzdem wird sie wohl noch manch anderen Bahn-Kilometer ohne Bezahlung zurückgelegt haben, daran besteht für den Richter kein Zweifel. „Warum sonst haben Sie den Ausweis Ihrer Kommilitonin so lange aufgehoben und ständig bei sich getragen und vor allem vorgezeigt, wenn Sie doch einmal in eine Kontrolle gerieten? Alles rein zufällig?" Er wartet einen Moment auf eine Antwort, aber Hannaah H. schweigt.

Nachgewiesen jedenfalls sind neun Fahrten, bei denen die junge Frau ohne Fahrschein angetroffen wurde, bereitwillig aber den Ausweis der fremden Studentin hochhielt und deren Personalien aufnehmen ließ. Zu Hannaahs Ehrenrettung muss gesagt werden, dass sie die VISA-Karte der anderen nie einsetzte. Vielleicht hatte sie ja auch nur Angst, die Karte sei gesperrt und man käme ihr auf die Schliche, wenn sie damit bezahlte. Lediglich den Schaffnern in den Intercity-Zügen, mit denen Hannaah H. gelegentlich nach Hamburg fuhr, um die Stadt ihrer „schönsten Zeit", wie sie sagt, zu besuchen, hielt sie das Plastik-Geld mit großer Geste hin, wenn die den Fahrschein verlangten. „Entschuldigung, ich bin nicht mehr zum Bezahlen am Automaten gekommen. Ich war zu spät dran! Aber wenn Sie das Geld vielleicht gleich von der Karte abziehen wollen ..." Das wollten oder konnten die aber nicht, darauf vertraute die Reisende, und so zeigte sie schließlich weiter den fremden Personalausweis.

Wie oft der Trick wirklich gelang, ist nicht genau zu ermitteln. Die Staatsanwältin hat sich mit den neun Fällen, die Hannaah H. auch gar nicht abstreitet, zufriedengegeben. Die nämlich waren im System der Bahnen gespeichert. Einer der Kontrolleure war aufmerksam geworden, weil er das Ausweisfoto einer eher mittelblonden und keineswegs besonders klein und schmal erscheinenden Frau Mitte zwanzig wenig passend zu der „fantasievoll" gekleideten Bahnkundin ihm gegenüber fand, die er als „buntes Vögelchen" beschreibt. „Sie hatte eine große Mappe mit Zeichnungen dabei, sagte, sie sei Kunststudentin, sie müsse zu einer Ausstellung und hätte ihr Semesterticket vergessen, das sei ihr noch nie passiert, und ich möge ihr doch bitte, bitte kein Strafgeld aufbrummen." Der junge Mann, der als Zeuge nun gegen das „bunte Vögelchen" aussagen muss, erzählt noch, dass er fast weich geworden wäre, aber das natürlich nicht darf. „Sie wirkte so zerbrechlich. Irgendwie hatte ich Mitleid. Doch wenn sie wirklich ein Semesterticket besessen hätte, dann hätte sie ja auch nicht die vollen vierzig Euro Nachlösegebühr, sondern nur eine Kulanz bezahlen müssen. Das sind in Berlin sieben Euro", erklärt der Kontrolleur. „Also ließ ich mir ihren Ausweis geben, und der sah verdammt anders aus." Er blieb bei der jungen Frau in der Bahn und verständigte die Polizei.

Warum die mangelnde Ähnlichkeit und das abgelaufene Gültigkeitsdatum des Dokuments bis dato noch niemandem aufgefallen seien, möchte der Richter wissen, aber diese Frage kann ihm auch die Staatsanwältin nicht beantworten.

Die betrügerische Urkundenfälschung liegt so lange zurück, dass das Gericht sie nicht mit berücksichtigt. Aber zum Schwarzfahren kommen Unterschlagung und Betrugsabsicht hinzu. Hannaah H.s Hoffnungen auf eine milde Geldstrafe sinken.

80 Tagessätze à 15 Euro, lautet das Urteil. „So viel verdiene ich mit meiner Kunst doch ewig und drei Tage nicht", barmt die Schwarzfahrerin, „kann ich das nicht lieber absitzen?" Der Richter grummelt, dass das keine gute Idee und Haft kein goldener Käfig sei. Was sie denn von gemeinnütziger Arbeit oder Ratenzahlung halte? Das luftige Wesen verspricht, darüber nachzudenken. Dann fliegt es davon.

Der Kinderwagenzündler

Ein Zeitungszusteller missbraucht seine Schlüsselgewalt, um in Berliner Mietshäusern Brände zu legen.

Als Maik D., ein schlanker, fast schmächtiger 29-Jähriger im Sommer von einer Polizeistreife festgenommen wird, die ihn dabei beobachtet, wie er im Flur eines Altberliner Mietshauses am Kollwitzplatz einen Kinderwagen in Brand steckt, da gibt der blasse, übernächtigte Zeitungsausträger in den bunten Bermudas Sätze von sich, die an ihm kleben bleiben werden wie Pech: Ich mag keine Schwaben, ich hasse sie! Ich hasse all diese Fremden, die heutzutage im Prenzlauer Berg leben und nicht hierher gehören. Sie sollen wegziehen, weg von hier! „Diese Schwaben, die kotzen mich an."

So zumindest werden Maik D.s Aussagen bei der Polizei kurz darauf in allen Zeitungen kolportiert. Maik D. ist „der Schwabenhasser" schlechthin. Einer, der nicht mehr mitansehen konnte, wie sich das vermeintlich so bunte, so unkonventionelle Leben hier am Prenzlauer Berg wandelt mit jedem Straßenzug, der saniert wird, mit jedem neuen Haus, das Lücken schließt. Und schuld an all dem sind natürlich die Neuen, die Zugezogenen, die, die das Geld haben. Bitterböse ebenso wie fröhlich-ironische Kämpfe werden ausgetragen zwischen jenen, die sich als Einheimische fühlen und das Karree um den Kollwitzplatz längst als zu teuer, zu schicki-micki, zu etepetete beschimpfen – und denen, die gerade deshalb herkommen, weil die Stadt an ihren Ursprüngen doch so hip, so offen, so anders sei als die kleinen, mittleren und großen Provinzen dieser Welt, aus denen sie stammen. New Yorker sind hierher gezogen, Spanier, Finnen, Hamburger, Frankfurter, Münchner, Leute aus Traunstein am Chiemsee oder Clausthal-Zellerfeld im Harz. Und eben auch aus Schwaben. „Maultaschenfresser raus – Sparfüchse, ab nach Haus!", schreit es von Aufklebern an Ladenfenstern und Plakatwänden. Manches Durchfahrts- und Parkverbotsschild ziert der wenig gastfreundliche Zusatz: „Gilt vor allem für Schwaben". Warum sollte sich ein Mann wie Maik D. nicht davon ermuntert gefühlt haben?

Heute, ein halbes Jahr Nachdenken und sechs Monate Untersuchungshaft später, will Maik D. von seinen Robin-Hood-Motiven nichts mehr wissen. Der Gerichtssaal ist rappelvoll, Fernsehkameras surren, Fotoapparate klicken, der Rächer der Vertriebenen hätte hier eine große Bühne, doch Maik D. zieht den grauen Kapuzenpulli tief ins Gesicht, duckt sich weg, ist alles andere als ein strahlender Held. Mindestens elf Mal hintereinander hat D. Brände gelegt, immer in den Altbauten rund um den Kollwitzplatz, immer in den frühen Morgenstunden, wenn die Häuser noch schliefen. Dann hielt er sein Feuerzeug an den Stoffbezug eines abgestellten Kinderwagens und wartete auf die Flammen. Kollwitzstraße, Belforter Straße, Husemannstraße, Schönhauser Allee, Pasteurstraße, Saarbrücker Straße, Winsstraße sind nur einige Adressen. Man könnte hier prima einen Spaziergang durch die Stadtgeschichte beginnen – und käme ganz schnell zum Thema Gentrifizierung.

Nein, das mit dem Schwabenhass stimme so nicht, beteuert der Angeklagte. Vielleicht hätte er es in der ersten Vernehmung gesagt, das könne schon sein, aber er habe es doch auf gar keinen Fall so gemeint! „Ich habe nichts gegen Schwaben, warum auch? Ich lebe in Neukölln, da kommen genauso viele Völkerschaften zueinander. Die stören mich nicht. Jeder kann doch so leben, wie er will." Das klinge jetzt beinahe ein bisschen zu tolerant, findet der Vorsitzende Richter, ein massiger älterer Herr mit viel Lebensgefühl, der da nicht locker lassen will. „Auch in Neukölln geht es nicht immer friedlich zu", baut er eine Brücke und sagt, dass er sich durchaus vorstellen könne, dass es frustrierend sei, schon so früh am Morgen, fast noch nachts, für wenig Geld in einer Gegend Zeitungen austragen zu müssen, nach zu wenig Schlaf, in der die besser betuchten Bewohner noch fröhlich in der Bar säßen und zechten. „Die drücken solche Sorgen nicht wie Sie ..."

Aber Maik D. hat gelernt, dass man mit populistischen Äußerungen nur Falsches sagen kann. Er bleibt bei seiner neuen Strategie. „Nein, das mit den Schwaben war nicht der Grund, dass ich zum Feuerzeug griff. Es ging nicht gegen die Leute oder gegen den Kiez. Ich war nur mit mir selbst nicht im Reinen, fühlte mich wie ein Hamster im Rad. Ich kam nicht raus. Irgendwas musste passieren. Ich weiß selbst nicht genau, was." Und er erzählt, mag es stimmen oder nicht, dass er letzten Sommer auch einfach zu viele Drogen genommen hätte. Ecstasy und Amphetamine, um sich aufzuputschen und wachzuhalten, um tags auf dem Bau und nachts als Zeitungszusteller arbeiten zu können. Seine erste Schicht begann kurz nach Mitternacht. Zuerst wurde in einer Lagerhalle die Ware kommissioniert, sortiert sozusagen, dann ging er von zirka drei bis sieben Uhr seine drei Touren, „mit so 'nem blauen Bollerwagen, immer fix-fix", steckte Süddeutsche, Frankfurter Allgemeine, Berliner Zeitung oder Tagesspiegel in die Briefkästen, lief die Kollwitzstraße hoch und runter, die Seitenstraßen dazu, hatte für jeden Häuserblock diverse Schlüsselbunde dabei, weil das Zeitungsaustragen schon ein „Vertrauensjob sei", wie er sagt. Seit elf Jahren macht er das. Und die Prenzlauer-Berg-Tour hat er sich selbst ausgesucht. Aus finanziellen Gründen: „Die Leute hier haben mehr Abonnements als anderswo. Davon profitiere ich." 1.200 Euro bekommt er im Monat.

Job zwei begann dann am frühen Vormittag, gegen halb zehn, zehn. Maik D. machte sich – schwarz – auf Baustellen nützlich, als Putzer, Maler, Maurer, Handlanger. „Ich arbeite gern und ich kann zupacken", meint er, „aber wenn ich dann nachmittags nach Hause kam, war ich schon fertig. Und trotzdem noch aufgedreht. Dann musste ich wieder runterkommen. Mit Cannabis, mit Kokain, manchmal half es." Wie lange er durchschnittlich so geschlafen habe, erkundigt sich der Richter, und Maik D. sagt nach kurzem Überschlagen: „Drei Stunden vielleicht, mit ein bisschen Glück auch mal vier. Mehr eigentlich nie. Mitternacht musste ich ja wieder fit sein."

Es gibt eine psychiatrische Gutachterin in diesem Verfahren, die beurteilen soll, wie sehr der vermeintliche Drogenkonsum Maik D. bei seinen Taten beeinflusst hat. Ob er noch Herr seiner Sinne war, wenn er binnen weniger Wochen fast jeden Tag in einem anderen Haus einen Kinderwagen in Brand steckte und damit für höchste Gefahr in den anliegenden Wohnungen sorgte. Sie bestätigt aus medizinischer Sicht, dass der 29-Jährige seinen Körper ramponiert habe, dass er nicht zur Ruhe gekommen sei, dass er aber immer auch funktioniert habe. D. war kaum einmal krank, hatte keine Fehlschichten, sein Chef zählte auf den erfahrenen

Zeitungszusteller, hatte Vertrauen zu ihm. „Sein größtes Problem", sagt die Psychiaterin, „sind die Lebensumstände, eine Kindheit, die ihn Asozialität, Trunksucht und den gewaltsamen Tod eines kleinen Bruders miterleben ließ. Die Mutter kam ins Gefängnis, das Sorgerecht für Maik und seine Geschwister erhielt der Vater, der schwer alkoholkrank war und sich nicht kümmerte. Maik D. hatte über viele Jahre keine Strukturen in seinem Leben, keinen Halt, keine Zuversicht. Er sei immer eher ängstlich gewesen und zwanghaft bemüht, nicht aufzufallen. Erst mit zwanzig lernte er Freunde kennen, die für ihn da waren. Er, der keine Schulbildung besaß, konnte immerhin arbeiten. „Er machte das verlässlich und über seine Grenzen gehend. Aber er hatte sich immer unter Kontrolle – ob mit oder ohne Drogen", sagt die Sachverständige, „auch an den Tagen, als er die Brände legte." Heißt: Er war voll für sich verantwortlich – keine Strafmilderung. Er hat auf seinen täglichen Arbeitswegen funktioniert wie gewohnt, er schloss die Häuser auf, verteilte ordnungsgemäß die Zeitungen, verschloss die Tür wieder und ging in den Nachbaraufgang. Alles wie immer – nur dass er kurz zwischendurch immer mal wieder einen Kinderwagen anzündete, und dass bei elf Taten viele, viele Menschen hätten verletzt werden oder ums Leben kommen können.

Das Gericht hört fast jeden einzelnen der Polizisten an, die seinerzeit mit den Brandfolgen konfrontiert waren. Abgefackelte, bis auf die Rahmen heruntergebrannte Kinderwagen und Fahrräder, die in der Nähe gestanden hatten, Hausflure, die man vor Qualm und Rauch Stunden später noch nicht betreten konnte, großflächige Brandflecken an Türen und Wänden. „Diese Altberliner Bauten brennen wie Zunder. Lehm und Stroh und Holz, wo man hinschaut. Das Treppenhaus – ein einziger Kamin." Der Richter will sich nicht ausmalen, was da hätte passieren können. „Die meisten Menschen kommen bei solchen Bränden durch die Rauchgasentwicklung ums Leben, das malen sich die Brandstifter meist gar nicht aus", ergänzt ein Polizeibeamter, der an drei Brandorten ermittelte. „Es ist ein riesengroßes Glück, dass da nicht mehr passiert ist. Dass die Feuerwehr jedes Mal früh genug da war. Wenn man so wie Maik D. zündelt, hat man den Ausgang der Sache einfach nicht mehr in der Hand."

Drei Kinder und eine junge Frau kamen in ärztliche Behandlung, erlitten aber keine schweren Verletzungen. Die Häuser wurden wieder instandgesetzt, die Schäden behoben. Die Angst vieler Hausbewohner blieb. Was, wenn es wieder passiert? Maik D., der mit aller Macht aus seinem Hamsterrad ausbrechen wollte, kommt für fünf Jahre und neun Monate ins Gefängnis. „Er suchte einen Ausstieg aus seinem alten Leben", zitiert der Richter die Sachverständige. Sie nannte es „eine Art sozialer Suizid". Das Wort Schwabenhass fällt nicht mehr.

Ein „schrecklicher Mensch"

Ein Mann hatte gedroht, seinen fünfjährigen Sohn zu töten. Trotzdem fällt die Strafe milde aus.

„Ja, ich hab wirklich gedacht, er bringt ihn um", schluchzt die ehemalige Lebensgefährtin des Mannes, der wegen Geiselnahme vor dem Amtsgericht steht, bei ihrer Vernehmung. Silvia B. kann noch immer nicht ruhig über diesen Tag vor anderthalb Jahren sprechen, an dem sie der Polizei völlig panisch die Entführung ihres jüngsten Kindes, des Sohnes Jeremy, meldet. Gegen Mittag geht ihr Notruf ein. „Mein Ex hat ihn heute früh aus meiner Wohnung entführt, hat ihn ins Auto gesetzt und ist nun irgendwohin mit ihm unterwegs. Seitdem bedroht er mich pausenlos am Telefon: Wenn ich mich von ihm trenne, hat er gesagt, dann erschießt er Jeremy. Ich würde ihn niemals wiedersehen! Ob ich mal hören wolle, wie es klingt, wenn er die Waffe durchlädt ... " Silvia B. ist außer sich. „Ich kenne meinen Mann, der tut das, der bringt sein Kind um!"

Mit demselben Argument verteidigt sich Matthias S. „Silvia kennt mich doch! Die weiß, dass ich ein bisschen impulsiv bin und manchmal Sachen sage, die ich nicht so meine. Und sie weiß doch auch, dass ich meine Kinder liebe, dass ich ihnen nie etwas antun könnte. Aber unsere Beziehung war am Ende, ich wollte das nicht wahrhaben, ich gab ihr die Schuld und wollte nur, dass sie ein einziges Mal so leidet, wie ich seit der Trennung. Deshalb tat ich so, als sei es eine Entführung. Das war sicher grundfalsch. Aber es war meine Rache!"

Die Geisel, der heute siebenjährige Jeremy, wartet in einem Nebenraum des Potsdamer Gerichts. Seine Tante ist bei ihm und versucht, ihn abzulenken. Noch ist nicht entschieden, ob der Junge als Zeuge gebraucht wird. Ob er sich erinnern muss, wie er diesen Novembertag erlebt hat, als seine Mama unter Tränen ein paar Sachen für ihn zusammenpackte, der Vater ihn am Arm nahm und zum Auto drängte. Was dann geschah. Ob er Angst hatte. Ob sein Vater grob wurde.

„Herr S., ob wir Ihrem Sohn das antun müssen, hier aufzutreten, das entscheiden Sie", ermahnt der Richter den Angeklagten. „Sie können sagen: Es gab keine Entführung – oder Sie können ein Geständnis ablegen. Der Strafrahmen liegt bei fünf plus x. Das sind keine Peanuts." Es ist eine rhetorische Belehrung, Matthias S. hat das alles längst mit seinem Rechtsanwalt besprochen. Er kennt die Androhung: Fünf Jahre Haft oder mehr sieht das Gesetz für eine „klassische" Geiselnahme vor. Aber sein Anwalt hat ihm auch erklärt, dass es mildernde Umstände geben könnte, wenn der Täter geständig ist, und dass eine gefährliche Geiselnahme beispielsweise in einer Bank mit Waffengewalt anders bestraft werden kann als eine Verzweiflungsaktion in einem Beziehungsdrama. Man muss aber darüber reden.

Matthias S. wählt diese Option. Er braucht ein paar Anläufe, um den halbwegs richtigen Ton zu finden, einen, der ihn nicht zu aggressiv und eifersüchtig erscheinen lässt, aber auch einen, der sein Leid ausmalt. Der das Gericht nachempfinden lässt, wie verzweifelt er war, weil er nach der Auflösung des Verlöbnisses durch Silvia B. seine Familie wegbrechen sah und sich aller Hoffnungen beraubt fühlte, die Beziehung zu ihr könne wieder ins Lot kommen, so, wie sie es ihm kurz zuvor noch in einem Liebesbrief versprochen hatte: „Hallo Süßer, ich habe mir sehr viele Gedanken über uns gemacht ... Wir sollten einen neuen Anfang wagen ... Die schönste Sache ist doch, gemeinsam seine Kinder heranwachsen zu sehen ... Gib uns Zeit ... Du könntest versuchen, mir Dein neues Wesen zu zeigen ... Lass Dir das alles durch den Kopf gehen. Dein Engel, Küsschen, i.h.D.l."

Und nun das – sie ging mit einem anderen Mann tanzen! Matthias S., der einräumt, schnell die Nerven zu verlieren, wenn etwas nicht nach seinem Willen geht, sieht rot. „In einer SMS hat sie mir geschrieben, sie ginge mit einer Freundin in die Disko." Er schreibt ihr zurück, dass auch er käme. „Und als ich dann da war, sah ich gerade noch, wie sie mit einem Kerl ins Auto stieg!" Er folgte den beiden, hielt, als der Mann ausstieg, ging ihm hinterher, zog einen Schlagring aus der Tasche und packte ihn am Kragen: „Lass die Finger von meiner Freundin!" Der andere war keine neunzehn und der Sohn einer Kollegin von Silvia. „Nichts haben wir miteinander, gar nichts", barmt der Knabe und darf gehen.

Matthias S. aber macht sich zu seiner Ex auf den Weg, klingelt, drischt an die Tür, erzwingt Einlass, die Kinder schrecken aus ihren Betten. „Das war mir egal. Ich musste Silvia zur Rede stellen." Wie genau das vor sich ging, weiß außer den beiden keiner. Sie reden von Streit, bösen Worten, einer Ohrfeige, Tränen, Geschrei, Wut, Angst und Sex. Matthias S., 39, drei Kinder aus zwei Beziehungen, 110 Kilogramm, bullig und untersetzt, und Silvia B., 30, drei Kinder aus zwei Beziehungen, 43 Kilogramm, unterwürfig und wankelmütig. „Hat er Sie mit Gewalt zum Geschlechtsverkehr in dieser Nacht gedrängt?", will der Richter wissen. „Nein, mit Gewalt nicht. Wir schliefen ja trotz der Trennung immer noch miteinander. Auch, wenn ich zum Putzen in seiner Berliner Wohnung war. Ich dachte, irgendwie war er ja mein Partner. Und in dieser Nacht wollte ich nur noch meine Ruhe."

Es folgen ein Tag, den Matthias S. mit seinem Sohn Jeremy auswärts verbringt, bei Freunden, und eine Nacht, die der vorherigen aufs Haar gleicht. Silvia B. sagt, es sei vorbei, Matthias S. beschimpft sie als Schlampe, man schreit und weint und zofft sich, redet trotzdem vom „Noch-mal-Versuchen" und teilt das Bett. Nur: Matthias S.' Zorn ist keineswegs verraucht. Vielleicht hat Silvia am Morgen ja wieder irgendetwas Falsches gesagt? Ihm nicht gehorcht? Obwohl er eigentlich allein zurück nach Berlin wollte, überlegt er es sich plötzlich anders. „Jeremy kommt mit mir – ob du willst oder nicht. Er ist mein Sohn! Pack seine Sachen zusammen." Und Silvia B. spurt. „Was sollte ich denn tun", flüstert sie Richtung Richtertisch. „Verstehen Sie das? Ich hätte alles nur noch schlimmer gemacht."

So beginnt der Tag der Geiselnahme. Einer ersten Beschimpfung am Telefon folgen Anruf auf Anruf, Drohung auf Drohung. Die Gespräche, sagt Silvia. B., wurden immer beängstigender. Wildentschlossen soll ihr Ex am Telefon geklungen haben, als er ihr befahl, sofort ihre Brandenburger Wohnung zu kündigen, „da draußen bei den Ostpocken", und als Zeichen ihres guten Willens und des Zurückkehrens auf der Stelle eine andere, größere zu suchen – ein neues Zuhause für eine gemeinsame Zukunft. So wollte er das. „Schick mir zum Beweis die Kündigung per Fax!" und „Mach das, so schnell du kannst, sonst siehst du Jeremy nicht wieder. Ich habe ihn bei mir und werde ihn erschießen, wenn du mich verlässt. Sei sicher, ich mache ernst!", soll er gedroht haben. „Erst jage ich ihm eine Kugel in den Kopf – und dann mir. Willst du hören, wie das klingt?!"

Ja, das alles räumt Matthias S. ein. Er sei so ratlos und außer sich gewesen, dass er nur noch eines im Sinn hatte: seine Lebensgefährtin leiden zu sehen. Angst sollte sie haben, riesengroße Angst. „Ich wollte ihr Schmerz zufügen, das stimmt", erklärt der Mann, der bisher schon vieles in seinem Leben mit Gewalt geregelt hatte. Mindestens sechs Vorverurteilungen wegen Waffenbesitz, Diebstahl, Raub und Körperverletzung stehen in seinem Register, er verbüßte Haft- und Bewährungsstrafen, blieb dann aber auch wieder lange Zeit ohne Straftat. Oder nur ohne angezeigte Straftat? Was sollte sich in seinem Charakter geändert haben, wenn er weiterhin ständig so aus der Haut fuhr? Wenn er nicht einmal vor dem eigenen Kind Halt machte?

Den Jungen bringt S.' Verteidiger wieder ins Spiel. Vielleicht hat ihn seine Beobachtung in den Verhandlungspausen, draußen auf dem Flur, ja überrascht: der Anblick, wie munter Jeremy dem Vater um den Hals fiel, mit ihm die Gänge entlang rannte, wie er sich in seine Arme drückte und zwei Dinosaurier zum Spielen hervorholte. Das ermuntert ihn nun in seinem Plädoyer zu einem kühnen Vortrag: „Der Einzige, der diesen unheilvollen Novembertag womöglich in guter Erinnerung behalten hat, ist Jeremy. Er war mit seinem Vater unterwegs, hat mit ihm in einem Schnellrestaurant gefrühstückt, konnte sich später in einem großen Spielwarenladen mit all den verlockenden Dingen beschäftigen, die kleine Jungs so magisch anziehen, und er durfte sich am Ende auch etwas aussuchen – ein Flugzeug. Während alle anderen Stress und Angst hatten, verlebte die Geisel einen wunderschönen Tag."

Ganz so kann der Richter das nicht stehen lassen. „Dass Sie Ihren Sohn nicht wirklich gefährdet haben, ist Ihr großes, großes Glück, Herr S.", bestätigt er zwar in seinem Urteil, hält dem stämmigen Angeklagten dann aber einen Spiegel vor: „Sie sind ein schrecklicher Mensch, herrschsüchtig, rachsüchtig und unbeherrscht in allen Lebenslagen. Sie hatten sich eingenistet im ständigen Auf und Ab. In einer ambivalenten Beziehung, in der

Tätlichkeiten, Zerwürfnisse, Hoffnungen und Sex immer gegenwärtig waren, haben Sie Ihre Dominanz ausgespielt. Sie waren nur noch sich selbst wichtig – bis hin zu der perversen Aktion gegen die einstige Lebensgefährtin, das gemeinsame Kind mit dem Tode zu bedrohen."

Doch eine Geiselnahme im sogenannten klassischen Fall ist das trotzdem nicht. Das Gesetz sagt dazu: ein minderschwerer Fall. Es liegt im Ermessen des Gerichtes, ob eine Bewährungsstrafe möglich ist. Und nach Abwägen aller Umstände, auch der falschen Hoffnungen, in denen sich der Angeklagte immer wieder wiegen durfte, wenn seine Ex ihn empfing, setzt der Urteilsspruch eher auf gute Ratschläge denn eine harte Strafe: ein Jahr und neun Monate auf Bewährung. „Zeigen Sie, dass Sie Erwachsene sind! Dass Sie Ihre eigenen Interessen hinter die der Kinder zurückstellen können. Und Sie, Herr S., müssen ganz kleine Brötchen backen in Ihrem weiteren Leben, sonst fahren Sie ein! Wenn Sie nicht begreifen, dass sich mit Gewalt nichts regeln lässt, dann ist Ihre Bewährung sofort widerrufen. Das verspreche ich."

Missbrauchtes Vertrauen

Sie lebt allein und ist nicht sehr anspruchsvoll. Einst erbte sie Geld, das sollte „fürs Alter sein", sagt eine 98-Jährige.

Charlotte K. hält sich tapfer, als sie vor den Richter treten muss. „Meine Beine machen nicht mehr richtig mit", sagt sie entschuldigend und weist auf den Rollstuhl, in dem sie sonst sitzt, „und meine Augen auch nicht." Dann besteht sie darauf, dass sie neunzig Jahre alt ist, und als der junge Richter stutzt, in seine Unterlagen schaut und sie korrigiert: „Achtundneunzig sind Sie schon, ein ganzes Stück älter", da winkt die kleine schlohweiße Dame den Einwand grazil mit der Hand fort und meint, dass das nicht wichtig sei: Ob nun neunzig oder ihretwegen auch achtundneunzig, das mache doch keinen Unterschied. „Es ist ein ganz schön langes Leben, das man da hat." Traurig sei sie nur, dass sie nun richtig arm dran sei. „Böse betrogen hat er mich", weint sie und zeigt auf den Angeklagten, „das hätte ich nie gedacht."

Dabei besaß sie vor wenigen Jahren noch viel Geld – eine halbe Million. „Das sollte fürs Alter sein, wenn's mal gar nicht mehr alleine geht." Dann wollte sie in ein gutes Heim ziehen, sich umsorgen lassen, erzählt Charlotte K. „Dafür hatte ich das Geld aufgehoben." Aber zum Umzug ist es nicht gekommen. Sie hängt an ihrer Wohnung in Neukölln, mitten im Ur-Berlin, Wohnstube, Küche, Bad, ein paar alte Möbel, Erinnerungen. Hier hat sie noch mit ihrem Mann gelebt, aber der ist – „Gott hab ihn selig" – ja schon lange tot. Gestorben ist vor einigen Jahren leider auch ihre Schwester. Die hinterließ ihr ein kleines Vermögen. Angerührt hat Frau K. es selten. „Ich brauche nicht viel, und ich habe keine Verwandten. Ich lebe allein." Eine Haushaltshilfe kommt gelegentlich, macht Einkäufe, putzt die Wohnung, eine Nachbarin liest ihr manchmal aus der Zeitung vor oder aus einem Buch. Frau K.s Augen sind durch die vielen Lebensjahre und den grauen Star stark getrübt, selbst mit Leselupe gelingt es ihr immer weniger, die notwendigen Dinge zu erkennen. Sie kommt allein nicht mehr raus, fände sich wohl auch kaum zurecht. Doch in ihrer Wohnung fühlt sie sich geborgen, hier kennt sie alle Dinge, alle Handgriffe, die Plätze, an denen etwas liegt.

Charlotte K. orientiert sich an den Konstanten ihres Lebens. Und zu den Konstanten gehört auch ihre Augenärztin Dr. Irena H. Lange, sehr lange schon kennen sich die Patientin und Frau Doktor. Und als das Augenlicht der alten Dame immer stärker nachließ, bot sich die Medizinerin an, zu ihr nach Hause zu kommen, ihr bei Bedarf auch bei Erledigungen zu helfen. „Frau Doktor nimmt sich dann Zeit für mich, und das ist sehr schön", erklärt die alte Dame dem Gericht. Manchmal haben sie wohl auch darüber gesprochen, was sein wird, wenn Frau K. völlig auf fremde Hilfe angewiesen ist. Die Rentnerin erzählte von ihren Rücklagen, Frau Dr. H. drängte nicht, und so wuchs Vertrauen. Vertrauen, das so weit ging, dass die hochbetagte Dame eines Tages ihre Ärztin fragte, ob die sich vorstellen könne, auch formell ihre Betreuung zu übernehmen – als Bevollmächtigte sozusagen für die wichtigsten Behördensachen und vor allem für die finanziellen Dinge. Sie würde ihr alle Vollmachten geben ...

Die Ärztin erbat sich Bedenkzeit, besprach sich mit ihrem Ehemann, erläuterte ihrer Patientin schließlich, dass sie selbst das aus standesrechtlichen Erwägungen lieber nicht machen würde, dass aber ihr Ehemann, Peter H., bereit sei, die Betreuung zu übernehmen. Und dann könnten sie ihr ja gemeinsam helfen und sie beraten, das sei doch der beste Weg. Charlotte K. willigte erleichtert ein. Um so mehr, als sie den Doktorinnen-Gatten als einen freundlichen und gebildeten Gymnasiallehrer kennenlernte, einen Studienrat, sehr belesen, und trotzdem frisch und adrett und durchaus charmant. Die alte Dame war glücklich.

Das Verhängnis nahm seinen Lauf, als das Ehepaar H. schließlich in Begleitung eines Notars zu der über Neunzigjährigen kam, um die nötigen Vollmachten zu unterschreiben. Studienrat Peter H., nun Betreuer, erhielt die Aufgabe, künftig das Vermögen der Charlotte K. zu verwalten, ihre Konten zu führen, Überweisungen auszuführen und Bankangelegenheiten „in ihrem Sinne" zu regeln. Was aber heißt das – „in ihrem Sinne"? Das ist die Frage, die Peter H. vor Gericht bringt und zu der es zwei grundverschiedene Ansichten gibt. Die alte Dame und der Staatsanwalt zweifeln nicht daran, dass Peter H. seine Vollmacht missbrauchte und die ihm anvertrauten Konten über einen Zeitraum von zweieinhalb Jahren vollständig abräumte und das Geld für sich verwendete. Es war aber das Vermögen der Charlotte K., das er veruntreute. Es war ihre „Altersvorsorge", die er sich und seiner Familie ohne Skrupel zufließen ließ – so lange, bis kein müder Cent mehr übrig war.

„Nein, so ist das nicht. Niemals hätte ich privat das Geld von Frau K. ausgegeben, wenn es nicht ihr ausdrücklicher Wunsch gewesen wäre!!!" Der graumelierte, hochgewachsene Studienrat Peter H. hat Mühe, beherrscht zu bleiben. Er greift nach seinem schwarzen Filzhut, dreht ihn in den Händen, presst die Krempe, hält sich irgendwie an ihm fest und atmet tief durch. Er fühlt sich zutiefst verletzt und in seiner Ehre beschädigt durch diese dumme Anklage hier, doch er will besonnen bleiben. Er hat kein schlechtes Gewissen. Warum auch? Nun muss er nur noch das Gericht davon überzeugen, dass er im Recht ist. Muss beweisen, dass er ein unschuldiges Opfer seiner überaus eifersüchtigen Gattin wurde, die ihn – seit er vor zwei Jahren die Ehe beendete und zur besten Freundin seiner Ex zog – schikaniert und denunziert, wo sie nur kann. Die feine Frau Doktor! Bezichtigt ihn des Betruges! Dabei tat er doch nur, was der alten Frau K. selbst am Herzen lag, und handelte „in ihrem Sinne": Er nahm ihr Geld und investierte es dort, wo seine Gattin, die Augenärztin, es am dringendsten brauchte – in deren neue Praxis, in medizinische Geräte, in Kredittilgungen, in den Lebensunterhalt der Familie, in Sprachurlaube der Kinder, Reitunterricht, einen Alfa Romeo, Reisen und andere schöne Sachen. Fast 525.000 Euro. „Sie müssen wissen", barmt er, „dass Frau K. genau das wollte – mit warmen Händen geben. Es ging ihr darum, dass meine Frau und ich das Geld schon zu ihren Lebzeiten erhalten, dass wir damit glücklich werden und meine Frau ihre neue Praxis einrichten kann. Es sollte unser Geld sein. Dafür hatte sie die Vollmacht erteilt." Penibel hat er über den Geldfluss Buch geführt. „Es gab ja nichts zu verheimlichen." Und er legt Kontoauszüge vor, Rechnungen, Quittungen, tausend Belege dafür, dass er selbst fast nichts abbekam vom dem großen Kuchen, sondern die Hauptbegünstigte seine Ex-Ehefrau war, die Augenärztin Dr. H..

Ein ausgeprägt schlechtes Gewissen scheint auch ihr zu fehlen. Sie praktiziert weiter, nun in feinerer Gegend, sie betreut die betrogene Frau K. weiter, und sie hat den großen Vorteil, dass sie in diesem Fall nur als Zeugin auftreten soll, nicht als Beschuldigte. Trotzdem muss sie überlegen. Der Richter macht sie darauf aufmerksam, dass sie, falls sie aussagen wolle, einerseits die volle Wahrheit zu sagen habe, andererseits aber auch bedenken müsse, ob sie sich mit einer Aussage womöglich selbst belaste. Dann dürfe sie schweigen. Irena H. entscheidet schnell. Keine zwei Minuten dauert ihr Auftritt: Sie schweigt. Schwingt mit großer Eile ein schwarzes Tuch über Gesicht und Haar, setzt eine überdimensionale Sonnenbrille auf und geht. Niemand draußen soll sie erkennen. Bisher gab es keine Ermittlungen gegen sie. Das wird sich ändern, meint der Staatsanwalt.

„Ich werde dich dreißig Jahre lang jagen. Und wenn ich das nicht mehr kann, dann müssen das die Kinder für mich zu Ende bringen. Du bekommst keine Ruhe!" So einen Brief soll die im Stich gelassene Ärztin Irena H. letztes Jahr an Peter H. geschrieben haben. Von ihr, so sagt er, ging auch die Strafanzeige aus. Nicht von Frau K. „Meine Frau hat die alte Dame nur benutzt, um mich fertigzumachen. Es ist ein bitterer Rosenkrieg. Sie rächt sich für die Scheidung und versucht um jeden Preis, mein Leben zu ruinieren. Meinen Freunden, Kollegen, Schülern – allen hat sie erzählt, ich wäre ein Dieb und Betrüger, ich hätte einer fast Hundertjährigen ihr Erspartes geraubt. Dabei war es ein Geschenk, und das Geld floss allein meiner Ex zu."

Die fast Hundertjährige, ob beeinflusst oder nicht, bleibt vor Gericht bei ihrer Aussage, dass sie das Geld dem Ehepaar H. ja vererbt hätte, später, nach ihrem Tod. „Das waren so hilfsbereite Leute." Aber zu Lebzeiten? „Auf keinen Fall. Es war mein Geld. Und das sollte es auch bleiben." Da klingt sie klar wie der junge Morgen, und auch die Kriminalbeamtin, die Frau K. ganz am Anfang der Ermittlungen befragte, damals, als klar war, dass das Konto leergefegt wurde, zeichnet das Bild einer körperlich schwachen, geistig aber sehr wachen Frau. „Wenn sie etwas nicht genau wusste oder unsicher war, dann sagte sie das auch. Sie ließ mir gegenüber keinen Zweifel daran, dass sie sich betrogen fühlte. Dass sie das Vermögen keinesfalls verschenken wollte. In Gelddingen schien sie eher eigen. Und sie hat sehr wohl verstanden, dass für ihren Traum vom guten Pflegeheim nun nichts mehr bleibt."

Es gibt einen Passus in der von Charlotte K. unterschriebenen Vollmacht, der erlaubt, dass Peter H. auch „Geschäfte mit sich selbst" eingehen kann – kleine Zuwendungen eingeschlossen. Das ist nicht unbedingt üblich, aber auch nicht verboten. Der Notar beteuert, er habe das Papier „standardmäßig" so aufgesetzt. Aber ein Freibrief ist das nicht. „Hätte Charlotte K. ihr Geld damals weggeben wollen, so hätte sie eine Schenkung oder eine Übertragung unterzeichnet – aber doch keine Verfügungsvollmacht", betont der Staatsanwalt in seinem Plädoyer. Und er nennt den Betrug besonders habgierig, feige und arglistig. „Sie konnten einfach nicht mehr abwarten! Womöglich war ja die damalige Ehefrau des Peter H. die treibende Kraft bei diesem Geschäft. Aber der Angeklagte hat es ausgeführt: Ich beantrage deshalb drei Jahre und sechs Monate Haft." Zaghaft wirft die Verteidigerin ein, dass es ja vielleicht nur deshalb keine Schenkung gab, weil die alte Dame nicht wollte, dass der Staat die dann fälligen Steuern einstreicht.

Für eine solche Annahme fehlt wiederum dem Richter die nötige Fantasie. „Frau K., eine alte Dame von fast hundert Jahren, will sich von all ihrem Geld trennen, nichts für ihre letzten Tage behalten und all die Unwägbarkeiten, die da vielleicht noch warten? Sie verschenkt eine halbe Million – und macht sich dann Gedanken um die Steuern, die sie ja nicht zahlen muss? Ist das lebensnah?", fragt er rhetorisch. Er kann sich dem Freispruch-Gedanken der Verteidigung beim besten Willen nicht anschließen und verhängt die Gefängnisstrafe.

Das Kellermonster

Ein paar Jahre liegen die brutalen Vergewaltigungen zurück, die ein junger Mann Schulmädchen antat. „Das war doch nicht ich", beteuert er heute – und gesteht.

„Ich bin nicht so, wirklich nicht. Ich kann keinem wehtun." Mathias R., 27, spitzes Gesicht, braver Scheitel, kränkliche Blässe, steht jedes Mal artig auf, wenn er eine Erklärung abgeben möchte, wenn es ihm wichtig erscheint, dass die Richter seine Sicht auf die Dinge verstehen. Denn obwohl er alles zugibt, was die Anklage ihm vorhält – schwere Vergewaltigung, schwerer sexueller Missbrauch von Kindern, gekoppelt mit Freiheitsberaubung und vorsätzlicher Körperverletzung – so muss er doch loswerden, dass all diese schrecklichen Taten so gar nicht seinem Charakter entsprächen. Dass er ganz friedlich sei. Normalerweise. Dass er immer Mitleid gehabt hätte, wenn in der Presse von misshandelten und missbrauchten Kindern berichtet wurde. Dass er selbst ein Heimkind war, ohne liebevolle Familie, dass er geschlagen und gedemütigt wurde. Dass er schon oft darüber nachgedacht hätte, im Sozialwesen tätig zu werden, um Opfern zu helfen. „Aber dazu braucht es ja meist einen konkreten Anstoß. So weit war ich noch nicht." Ohne erkennbare Regung spricht Mathias R. solche Sätze. Sie gehen im flüssig über die Lippen, er spricht nicht laut, nicht betont, aber bestimmt. „Ich schäme mich so" klingt wie „Ich gebe die Rechnung morgen in die Post", und „Es war grausam, was ich den Mädchen angetan habe" hört sich an wie „Ich gehe mit meinem Hund gern bei Sonnenschein spazieren". Die Boulevardzeitungen nennen ihn Sex-Monster, Keller-Scheusal, Kinderschänder, Abschaum. „Das war doch nicht ich", beteuert der 27-Jährige, „das war was Fremdes in mir. Ein Aussetzer. Ich versteh es selbst nicht."

Für die 18. Berliner Strafkammer ist genau dieses „Fremde" etwas Entscheidendes. Als Mathias R. vor zwei Jahren – damals wegen wiederholten Betruges in Haft – von der Kriminalpolizei mit Fingerabdrücken und Spermaspuren konfrontiert wird, die an verschiedenen Tatorten im Stadtbezirk Marzahn-Hellersdorf gesichert wurden und mit seinen Daten übereinstimmen, legt er ein erstes Geständnis ab. Ja, er habe vor zwei, drei Jahren plötzlich und ohne es zu wollen Mädchen auf ihrem Nachhauseweg von der Schule überfallen, sie in die Keller ihrer Wohnhäuser gezogen und ihre Körper berührt, mit ihnen geschlafen. Nein, freiwillig sei keines der Kinder mitgekommen, er musste ein Messer zücken und ihnen den Mund zuhalten, sonst hätten sie sich gewehrt. „Es kam einfach so. Ich kannte sie nicht. Aber ich sah sie, und plötzlich machte es Klick. Ich musste sie haben. Hinterher verstand ich mich auch nicht mehr. Da war dann nur noch so eine Leere."

Die Mädchen hießen Sina und Ireen, Lilly, Fabia und Francesca. Sie waren zehn, elf und zwölf Jahre alt. Sie waren fröhliche Kinder, arglos, hilfsbereit. Eine von ihnen hielt dem Täter die Haustür auf, weil sie glaubte, er wolle zu den Briefkästen. Alle fünf wurden in ihren eigenen Häusern, am Eingang, im Fahrstuhl, vor der Wohnungstür, von dem Mann gepackt, bedroht, mit Gewalt in den Keller gezerrt, sie mussten ihre Schlüssel rausgeben, er riss ihnen Hose und T-Shirt vom Leib, er zog ihnen die Pullover übers Gesicht, damit sie ihn nicht erkannten – und vielleicht auch, damit er ihre Angst, ihre Panik, ihre Schmerzen nicht sehen musste –, er drang in sie ein, vergewaltigte sie, wenn es nicht gelang, mussten sie ihn reiben, die Jüngste, die Zehnjährige missbrauchte er sogar anal, und wenn er mit ihnen fertig war und sein Trieb Ruhe gab, dann schloss er sie ein und zwang sie, ganz langsam bis zwanzig, bis hundert oder bis tausend zu zählen, damit er fliehen konnte, bevor sie Hilfe herbeischrieen. „Ich ritz dir den Hals auf.", „Ich schneid dir die Zunge raus!", „Wehe, du heulst."

Er gibt zu, fünf Mädchen auf diese Art in seine Gewalt gebracht zu habe. Das Gericht glaubt ihm, obwohl es in der fraglichen Zeit im gleichen Stadtgebiet am östlichen Rand von Berlin noch weitere sexuelle Übergriffe auf Kinder gab. Nach sehr ähnlichem Muster. Manchmal konnten die Mädchen weglaufen. An den Schulen hingen damals Warnbriefe aus, ein Phantombild des Täters, Verhaltensratschläge. Eine Hortnerin, die die Gruppe eines der Mädchen nach dem Unterricht betreute, will von anderen Eltern sehr deutliche Hinweise auf versuchte Überfälle gehört haben. Aber nicht alle Eltern stellten Strafanzeige. „Ich glaube, die wollten nur, dass ihre Kinder schnell darüber hinwegkommen", sagt sie. „Die wollten keine Polizei, keine Untersuchungen, kein Gerede. Ich kann das verstehen."

Dass hier im Gericht wirklich nur jene fünf Fälle verhandelt werden, die Mathias R. selbst einräumt und die zweifelsfrei über DNA-Spuren belegt sind, ist ein Zugeständnis. Man könnte auch sagen: ein Deal. Fünf schwere Vergewaltigungen, für jede einzelne Tat droht mehrjähriger Haft, werden am Ende zu einer Gesamtfreiheitsstrafe zusammengefasst: neun Jahre und zehn Monate. Es gibt keine mildernden Umstände. Im Gegenzug müssen die Opfer nicht als Zeuginnen aussagen. Sie müssen sich hier, vor fremden Menschen, nicht noch einmal an die Qualen erinnern, die sie ohnehin nie vergessen werden. Keines der Kinder muss den Anblick seines Peinigers erneut aus der Nähe ertragen. „Wir wollen, dass die Familien endlich zur Ruhe kommen", sagt der Richter.

„Nein, Ruhe gibt es nicht", korrigiert ihn die Mutter, die im Gerichtssaal als Nebenklägerin auftritt. Sie ist die einzige aus den betroffenen Familien, die den Mut hatte, dem Angeklagten gegenüberzutreten und ihn zu konfrontieren mit dem Trauma, dass er über die Kinder brachte. „Meine Tochter war elf damals. Aber sie kann nicht mehr lachen. Sie hat überall Angst. Sie träumt das alles immer wieder, sie geht kaum raus zu Freunden, sie igelt sich ein. Und es ist so schwer, ihr zu helfen. In unserer Familie ist nichts mehr wie vorher. Und Sie? Sie reden hier von Aussetzer! Sie haben doch keine Ahnung, was Sie angerichtet haben", schluchzt sie. „Es tut mir ja auch sehr leid", sagt der Angeklagte. Er ist wieder aufgestanden. Er will keinen Streit. Er ist kooperativ, einsichtig, aber auch selbst ein Opfer, signalisiert er. „In der Bibel steht: Kein Mensch ist ohne Fehler. Ich habe einen begangen, ja. Und ich habe Strafe verdient. Aber es war doch nicht geplant! Ich wollte das nicht."

Mathias R. hofft, dieses „Nicht-Wollen" und „Nicht-Wissen" könnte ihn entlasten, könnte irgendetwas entschuldigen. Aber es zeigt dem Gericht nur, wie gefährlich dieser junge Mann noch immer ist. Dass er seine Triebe nicht kennt. Dass ihm seine so hemmungslose sexuelle Neigung zu vorpubertären Mädchen überhaupt noch nicht klar ist. „Ich fühle mich von kleinen Mädchen nicht angezogen. Das war was Anderes", insistiert er. „Ich habe eine erwachsene Freundin, und die liebt mich!" Ja, es gibt diese Frau, auch sie wird vernommen, unter Ausschluss der Öffentlichkeit, weil es um sehr Intimes geht. Sie ist klein, zierlich, rotblond, sie trägt einen Pferdeschwanz und hat Sommersprossen. Sie sieht aus wie vierzehn.

Der psychiatrische Sachverständige, der Mathias R. untersucht und ihn verschiedensten gängigen Tests unterzogen hat, bestätigt ohne Zweifel das, was der biedere, blasse Angeklagte nicht wahrhaben will – seine Pädophilie. Und er sagt, Mathias R. würde sehr stark verdrängen. Das mache ihn unberechenbar. Er sei noch lange nicht so weit, diese sexuelle Präferenz als einen Teil von sich zu verstehen, als einen inneren Feind, der in ihm lebt und den er nie wieder loswerden wird. Den er aber akzeptieren und von nun an mit all seiner Kraft bändigen muss, sofern er irgendwann wieder in Freiheit leben will. Damit gibt der Mediziner dem Gericht eine mögliche Entscheidung vor: Anordnung der Sicherungsverwahrung. Dies ist wohl der größtmögliche staatliche Eingriff ins Leben eines Menschen und er kommt zum Tragen, wenn die reguläre Haftzeit vorüber ist. Wenn ein Verurteilter normalerweise freikommt.

Wenn für jemanden Sicherungsverwahrung angeordnet wurde, gibt es keine selbstverständliche Entlassung. Denn Juristen und psychiatrische Fachärzte werden sich, wenn es so weit ist, erneut sehr gründlich und sehr genau mit diesem Menschen befassen, um zu entscheiden, wie es weitergeht. Ob er in der Gefängniszeit und mit Hilfe von Therapeuten so glaubwürdig an sich und seiner sexuellen Ausrichtung gearbeitet hat, dass kein Trieb ihn je wieder zu einem Übergriff auf ein Kind verleiten kann. Für manch einen Täter dauert die Sicherungsverwahrung nach Verbüßen der Haftstrafe noch Jahre und Jahrzehnte an. Manch einer kommt nie mehr zurück ins normale Leben.

Tod dem Nachbarn!

Lärmen, Spucken, Pöbeln. Zwei Männer machen sich ihre Nachbarschaft so lange unerträglich, bis der erste zur Waffe greift.

Nicht erst seit Stefan Raabs Song vom Streit um Maschendrahtzaun und Knallerbsenstrauch weiß man, dass manche Nachbarn einfach nicht in Frieden miteinander leben können. Schlichtungsstellen bei den Kommunen, Gerichte landauf und landab haben täglich über Streitigkeiten zu verhandeln, die Leute miteinander ausfechten, die Haus an Haus oder Wand an Wand wohnen. Ständiges Absatzgeklapper auf dem schlecht gedämmten Laminatboden der oberen Etage, ein Papagei, der seinen Schnabel nicht halten will, faulige Äpfel, die vom Ast herab auf fremdes Terrain fallen, strenge Gerüche aus den Fleischtöpfen einer Hundebesitzerin – es gibt wohl keinen Anlass, der nicht dazu taugt, handfeste Zwistigkeiten zwischen Wohnungs- und Gartennachbarn auszulösen.

Herr B. sagt, er hätte es im Guten versucht. Er wollte doch nur seinen Frieden, ihm ging es nicht um Streit. Wieder und wieder habe er an der Tür seiner Nachbarin geklopft und ihren Freund gebeten, doch diese schreckliche Musik auf Zimmerlautstärke zu drosseln, nicht so laut mit den Türen zu knallen, den Hund gefälligst zur Ruhe zu bringen – und überhaupt endlich mal leiser zu sein. „Ich bin krank, ich hab es mit den Nerven", soll er gesagt haben. Aber alles Intervenieren half nicht. „Hey, Fettsack, mach dich weg, sonst gibt's richtig Ärger" wäre noch eine der harmloseren Reaktionen gewesen, die der Berliner Frührentner Hans-Jürgen B. zu hören bekam.

Tag und Nacht dröhne die Musikanlage des Nachbarn und das Paar streite in einem fort, beschwerte sich Herr B. schließlich bei der Hausverwaltung, bat um Unterstützung. Die mahnte die Freundin des Störenfrieds, weil der Mietvertrag auf ihren Namen läuft und es auch von anderen Bewohnern schon Beschwerden gab. Das wiederum ließ der Krachverursacher nicht auf sich sitzen. Er hämmerte gegen B.s Tür und schrie: „Das machst du nicht noch mal! Ich hetz dir den Hund auf den Hals. Pass auf, was du sagst!"

Es sei kaum ein Tag vergangen, an dem der Nachbar ihn nicht schikaniert habe – so schildert es Herr B. „Ich ertrage das nicht mehr." So hat er es einer Bekannten erzählt, die ihn gelegentlich besucht, so beschrieb er sein Leid einer Quartiersmanagerin, die ihn seit seinem sanierungsbedingten Umzug betreute. Bei der Polizei erstattete er Anzeige und auch im Gespräch mit einem psychiatrischen Gutachter malte der 58-jährige Hans-Jürgen B. seine Pein mit ähnlichen Worten und Geschichten aus.

Vor Gericht sagt er nichts. Er ist der Angeklagte. Er hat auf seinen Nachbarn geschossen. Mehrmals. Er hat ihn mit einer Pistole, die er nicht hätte besitzen dürfen, durchs ganze Treppenhaus verfolgt bis hinunter auf die Straße, hat annähernd ein Dutzend Schüsse aus mindestens zwei Magazinen abgegeben – und wollte ihn damit zur Ruhe bringen. Ein für alle Mal. „Dass ich Unbeteiligte in Gefahr gebracht habe, tut mir sehr leid", lässt B. seine Anwältin erklären. Er bedauere sogar, Nachbars Hund ins Bein getroffen zu haben. Aber dass er den Mann selbst fast getötet hätte, das sei okay. „Ich musste das tun", soll B. gleich nach seiner Festnahme bei der Polizei gesagt haben. Und beide Beamte, die ihm vor seiner Wohnung die Handschellen anlegten, bestätigen, dass der Tatverdächtige einen sehr ruhigen, fast erleichterten Eindruck gemacht habe: „Ich war's, jetzt ist Ruhe. Kommt ruhig herauf", rief er schon vom Balkon. „Ich hab nichts gegen euch, ich tu euch nichts." Bereitwillig übergab B. seine Waffe, ließ sich durchsuchen und zum Haftrichter bringen. Seit sieben Monaten sitzt er nun im Untersuchungsgefängnis. Und während der Verhandlung in einem Areal mit besonderen Sicherheitsvorkehrungen, hinter einer Absperrung aus Plexiglas und einer hölzernen Balustrade, die er kaum überblicken kann. Klein, kahlköpfig, kugelrund.

„Eigentlich ist Herr B. ein netter Typ, hilfsbereit, freundlich, aber ein wenig zurückgezogen", schildert ein junger Mann, der dem Angeklagten manchmal im Haushalt hilft, weil seine Mutter im selben Haus wohnt. „Ich musste ihm auch beim Möbelrücken helfen, weil er vom Wohnzimmer ins Schlafzimmer zog – in der Hoffnung, den Krach von nebenan dort nicht so zu hören. Als ich kam, hatte der Nachbar ihm gerade an die Tür gespuckt. Herr B. war total genervt – wer wäre das nicht?" Ganz harmlos, so nennt ihn auch die Zeugin O., die den Angeklagten schon seit dreißig Jahren kennt. „Ich habe selbst gehört, wie der Kerl nebenan ihn bedroht hat: Ich lasse den Hund los, wenn du nicht verschwindest, Speckbacke! Und der Hund war ja schließlich kein Pudel oder so, sondern ein ausgewachsener Kampfhund." Auch Zeugin Z., betraut mit der Mieterberatung und Herrn B. öfter behilflich, kennt ihn als eher zurückhaltenden Mann. „Mit den Nachbarn und mit Lärm hatte er schon früher Sorgen. Da ist er wohl sehr empfindlich. Eine Mieterin über ihm zog zum Glück von selbst aus. Mit dem Nachfolger, einem Russen, vereinbarte B. einen Tausch. Nun wohnte er oben und damit ein bisschen ruhiger. Bis der Krach in der Nachbarwohnung anfing. Ich riet ihm, am besten ein Lärmprotokoll zu erstellen und es der Hausverwaltung vorzulegen, notfalls die Polizei einzuschalten. Was man so rät ..."

Das Bild, das die Verhandlung zeichnet, ist das eines verzweifelten, kranken, alten Mannes, der sich nicht mehr zu wehren wusste. Aber hat so jemand scharfe Waffen zu Hause? Gewehre an der Wand, Pistolen im Schrank, dazu reichlich Munition? Zielt damit ganz bewusst und berechnend auf einen anderen Menschen, trifft den derart schwer in den Bauch, dass er fast verblutet und nur mit einer sofortigen Notoperation gerettet werden kann? Löst der so sein Problem?

Einundvierzig Jahre alt ist der Getroffene, ein Mechaniker ohne Job und mit Hang zum Alkohol „Angetrunken kann mein Freund schon mal jähzornig werden, und über Herrn B. hat er sich öfter geärgert, weil der wegen der kleinsten Störung ankam und schimpfte und meckerte", sagt Claudia K., die Wohnungsmieterin und Lebensgefährtin. „Aber das war doch nicht ständig. Es war auch wochenlang Ruhe." Ihr Freund ist mit Anfang vierzig nun dauerhaft geschädigt. Der Schuss des Rentners zerriss ihm den Schließmuskel und Teile der Harnröhre, er wird wohl zeugungsunfähig bleiben und ist auf einen künstlichen Darmausgang angewiesen. Wegen zu lauter Musik?

Beinahe wären bei der Schießerei auch völlig Unbeteiligte zu Schaden gekommen, unten auf der Straße. Dahin nämlich hatte sich der Angeschossene geflüchtet, es gelang ihm, ein Auto zu stoppen, das gerade langsam die Straße entlang rollte. Ein Vater und seine 16-jährige Tochter kamen von einer Schulveranstaltung, und das Mädchen begriff als Erste den Ernst der Lage. „Halt an", rief sie zum Vater, „schnell, da ist ein Verletzter!" Der Mann konnte sich auf die Rückbank hieven, der Vater fuhr los, Schüsse trafen das Auto, die Batterie, Scheiben, Reifen, aber immerhin fuhr der Wagen noch bis zur nächsten Ecke. Dort organisierte die 16-Jährige Hilfe, rief Notarzt und Polizei. „Das Mädchen ist eine Heldin. Sie hat ein Leben gerettet", sagt der Anwalt der Familie.

Wegen versuchten Totschlags und unerlaubten Waffenbesitzes verurteilt das Landgericht Berlin den Angeklagten zu einer Freiheitsstrafe von fünfeinhalb Jahren. Der akzeptiert. Zehn Jahre, so soll er gegenüber Polizisten einmal erklärt haben, wäre ihm diese Tat wert gewesen. Nein, er formulierte es anders: „Lieber zehn Jahre ins Gefängnis als weiter mit dem zu leben." Dann holte ihn der Gefängnisalltag ein. Nach einem Selbstmordversuch sehnt er sich jetzt vor allem nach einem „Rückzugsort", „einer Einzelzelle in einem ruhigen Seitentrakt", berichtet der Psychiater, der B. untersuchte. Das bestätigt auch die Anwältin. Und sie setzt hinzu: „Ich soll unbedingt dafür sorgen, dass er eine Zelle ganz oben bekommt. Ohne Lärm über sich."

Halbgott in Weiß

Ein Schönheitschirurg, der sich offenbar allmächtig fühlt, überlässt seine Patientin nach einer missglückten Operation ihrem Schicksal.

Eine chirurgische Praxis steht zum Verkauf. Eine Tagesklinik. 420 Quadratmeter in bester Innenstadt-Lage, in Kudamm-Nähe mit Blick auf den Lietzensee, zwei Operationssäle, modernste technische Ausstattung, hochwertige Möblierung, dänisches Design. O-Ton der Werbe-Unterlagen: „Viele bekannte Persönlichkeiten aus Politik, Wirtschaft und dem Entertainment sind hier Patienten. Entsprechend sind die Räume so ausgestattet, wie es sich für eine exklusive repräsentative Immobilie gehört."

Dass in den Räumen dieser Klinik vor vier Jahren eine Patientin an den Folgen einer Bauchstraffungs-Operation starb und ihr Chirurg Reinhard S., der die Praxis anbietet, soeben vom Landgericht Berlin wegen Körperverletzung mit Todesfolge und versuchtem Totschlag zu viereinhalb Jahren Haft verurteilt wurde, steht nicht in der Offerte.

Vielleicht hegt der Doktor ja die Hoffnung, das Urteil anfechten und rehabilitiert aus dem Karrieretief emporsteigen zu können. Er wird weiterkämpfen. Ja, mögen die Chancen noch so schlecht stehen, mag das Gericht in seinem Schuldspruch noch so deutliche Worte für das Vergehen des Arztes gefunden haben, mögen die Beweise und Zeugenaussagen Reinhard S. noch so sehr belasten – was kümmert ihn das? Über fast anderthalb Jahre und mindestens fünfzig quälende Verhandlungstage hinweg hat er ohne zu Schwanken und ohne zu Zweifeln seine Unschuld beteuert. Soll er nun aufgeben? Soll er sagen: „Ich entschuldige und schäme mich. Ich habe versagt. Ich habe meine Patientin nicht nach den Regeln der ärztlichen Kunst behandelt, habe falsch reagiert, habe mich überschätzt, hatte Angst vor den Konsequenzen und dem Verlust meines guten Rufes. Ich trage die Verantwortung für ihren Tod. Ich habe sie sterben lassen, obwohl sie nicht hätte sterben müssen."?

Genau dieser Ansicht ist der Staatsanwalt, der achteinhalb Jahre Gefängnis und ein lebenslängliches Berufsverbot fordert, sind die Richter des Landgerichts, die Reinhard S. als „schuldig" verurteilen, sind die Gutachter, die den Tod der Patientin untersuchten, die Rettungswagenfahrer und Notfallmediziner, die als Zeugen gehört werden, und der Mann von Anja S., der seine Frau bei einer Schönheitsoperation verlor.

„Ich wollte die Operation nicht, ich fand, dass Anja gar keinen Grund hatte, sich den Bauch straffen zu lassen, aber sie sah das irgendwie anders. Sie war mit ihrem Körper nicht mehr glücklich und hatte sich das lange überlegt", sagt der 49-Jährige, der die Entscheidung seiner Frau am Ende auch akzeptierte. „Es ging nicht um mich. Anja musste sich wohlfühlen." Und so machte sie sich das Geschenk einer besseren Figur zu ihren fünfzigsten Geburtstag selbst. 1.800 Euro sollte der Eingriff kosten, dank rückenmarksnaher Narkose weitgehend schmerzfrei und bei diesem erfahrenen und versierten Operateur auch ohne größeres Risiko. „Anja ging hoffnungsvoll und überzeugt zu dieser Operation, ein bisschen Angst wird sie innerlich vielleicht gehabt haben", vermutet ihr Ehemann. „Aber sie hat es nicht gezeigt." Anja S., so sagt er, war eine kluge und starke Frau. Sie hatte sich über die Operation eingehend informiert. „Wusste Ihre Frau, dass bei dem Eingriff kein Narkosearzt zugegen war?", erkundigt sich das Gericht beim Ehemann. „Auf keinen Fall", glaubt der, „da hätte sie nicht eingewilligt. Es ging doch um eine Vier-Stunden-OP, da muss selbstverständlich ein Anästhesist dabei sein."

Nein, so selbstverständlich war das bei Dr. S. nicht. Wortreich erläutert der Sport-, Unfall- und Schönheitschirurg, dass das Hinzuziehen eines gesonderten Anästhesisten bei einem Eingriff wie diesem und bei einem Operateur wie ihm, einem Fachmann von seiner Kompetenz, Qualifikation und Erfahrung, keineswegs Standard, geschweige denn Pflicht und Notwendigkeit wäre. Dass er auch seiner Patientin gegenüber einen solchen Narkosearzt nie explizit erwähnt habe und er diese ganze Debatte für ein Scheingefecht hält: Der Herz-Kreislauf-Stillstand bei Anja S., der während seiner Operation eintrat, sei tragisch, aber eben im Bereich des Möglichen, zumal, wenn sich ein Patient nicht akribisch an die Regeln halte und trotz der Anweisung „nüchtern zur OP zu erscheinen" unter Umständen früh noch etwas zu sich genommen habe. Der Zusammenbruch wäre mit einem Anästhesisten genauso geschehen, und die Erste Hilfe, die er, Dr. S., der Kollabierten sofort geleistet hätte, die Wiederbelebung, sei nach Vorschrift und erfolgreich verlaufen. „Es war nur eine Frage der Zeit, dass sie sich vollständig erholte."

Der Ehemann der Verstorbenen kann bei solchen Sätzen die Tränen kaum unterdrücken. Wie kann dieser Arzt, ohne zynisch zu sein, von „erfolgreicher Wiederbelebung" sprechen, wenn seine Frau danach nicht mehr ins Leben zurückkehrte? Wenn sie, zwar reanimiert und mit wieder messbarem Herzschlag, nie wieder zu Bewusstsein kommt, sondern ins Koma fällt und stirbt?

Als all das passiert, ahnt Herr S. nicht, wie schlecht es seiner Frau geht. Weder der Chirurg noch ein Mitarbeiter seiner Tagesklinik melden sich bei ihm, um über den Notfall zu sprechen. Als er am Nachmittag unruhig wird und selbst bei Dr. S. anruft, erhält er die Auskunft, es sei alles in Ordnung, seine Frau brauche nur noch etwas Ruhe. Am frühen Abend heißt es am Telefon, dass die Patientin zur Überwachung in ein Krankenhaus gefahren werde. Warum und wohin, das erfährt ihr Mann nicht.

Völlig im Unklaren, so schildern es die Beteiligten, lässt Dr. S. in den Abendstunden auch die Sanitäter, die mehr als sieben Stunden nach dem Herz-Kreislauf-Stillstand und damit viel zu spät gerufen worden waren, um Frau S. „vorsorglich" ins St.-Gertrauden-Krankenhaus zu bringen. Es hätte Komplikationen bei einer Operation gegeben, die Patientin sei „schläfrig", aber ansprechbar, für Blaulicht und Signalhorn bestünde keine Notwendigkeit. Operations-Unterlagen, eine genaue Dokumentation des Geschehens hält Dr. S. für die Notaufnahme nicht bereit. Er selbst ist in dieser Nacht nicht mehr zu sprechen.

Die Ärzte am St.-Gertrauden-Krankenhaus geben die Einlieferung einer tiefkomatösen Patientin zu Protokoll, die sofort intensivmedizinisch behandelt und versorgt werden muss. „Ihr Zustand war desaströs." Die Computertomografie zeigt, dass ihr Gehirn nach massiver Sauerstoff-Unterversorgung sozusagen „vergiftet" war und sie ein hochgradiges Hirnödem erlitten hatte. Trotz diverser Wiederbelebungsversuche und hochdosierter Medikamentengaben erwacht Anja S. auch im Krankenhaus nicht wieder. Nach zwölf Tagen im Koma stirbt sie – wenige Tage vor ihrem fünfzigsten Geburtstag.

Gegen die Regeln der ärztlichen Kunst habe Dr. Reinhard S. nicht nur deshalb verstoßen, weil er sich für die Operation der Anja S. den Narkosearzt gespart habe, sondern auch, weil er die kollabierte und von ihm während der Bauch-OP wiederbelebte Patientin zur „Erholung“ und zum „Ausschlafen“, wie er sagt, noch stundenlang in seiner Praxis habe liegen lassen und währenddessen wohl auf ein günstiges Schicksal hoffte. Auf ein Schicksal, das ihm die Blamage einer misslungenen Operation und eines Verstoßes gegen die ärztliche Sorgfaltspflicht ersparen und Anja S. auf gar wundersame Weise wieder zu Genesung und Lebenskraft verhelfen würde. Mag sein, dass der Chirurg Dr. S. diese Hoffnung wirklich gehabt hat, dann ließe sich aber stark an seiner Erfahrung und Kompetenz zweifeln. Hatte er diese Hoffnung nicht, könnte man dem Staatsanwalt folgen, der das Geschehene einen „versuchten Mord“ nennt.

Den kann das Gericht nicht nachweisen. Der unbeirrbare, zähe, kein Versagen einräumende Dr. Reinhard S. bleibt bei seiner Version, dass er alles richtig gemacht habe. Dass aber „sehr zur Tragik der Patientin“ die weiterbehandelnden Ärzte im städtischen Klinikum eine völlig falsche und unangemessene Vorgehensweise gewählt hätten, an der Anja S. schließlich starb. „Sterben musste“, wie S. sagt. Er wird nicht müde, auf Lücken im dortigen Behandlungsprotokoll hinzuweisen, Gegengutachten einzufordern und vermeintliche Zeugen für seine Sicht zu benennen. So zieht sich der Prozess über Monate hin. Allein: Kein einziger Beweis wird gefunden, der Dr. S. entlastet. Und so führt am Ende auch das Gericht alles auf den Anfang zurück: auf die Fehler des Dr. S., sein Versagen und Vertuschen. Er hat seine Patientin Anja S. dem Tode geweiht. Aber das ist natürlich kein juristischer Begriff.

Zu der Haftstrafe, die das Berliner Landgericht ausspricht, kommt für den 60-Jährigen vorerst ein vierjähriges Verbot, als Chirurg, Rettungs- oder Unfallarzt zu arbeiten. Allerdings gilt das nur, wenn auch das Urteil nicht mehr anfechtbar ist. Noch können alle Seiten Revision beim Bundesgerichtshof einlegen – die Staatsanwaltschaft, der Ehemann als Nebenkläger, der Verurteilte selbst. Dann käme es unter Umständen zu einem neuen Verfahren. Ausgang ungewiss.

Asche zu Asche

Ein Berliner Bestatter versucht, mit wenig Aufwand an viel Geld zu kommen. Er bringt die Urnen statt auf den Friedhof in sein Büro.

Selten hat ein Angeklagter vor Gericht so offen und unverblümt zugegeben, wie skrupellos er Leute belog und betrog. Mike R., 39, ein gebürtiger Hallenser, lässt an sich selbst kein gutes Haar. Ich will reinen Tisch machen, soll das wohl heißen. „Zwanzig Jahre lang, mein halbes Leben, hat es mir nichts ausgemacht, irgendwie kriminell zu sein. Ob Knast oder Bewährung, das war mir egal. Wenn es lief, dann lief es." Wenn es lief, dann schöpfte er Geld aus Diebstählen, Unterschlagungen, Veruntreuungen, Betrügereien. Das Vorstrafenregister ist lang. Dabei ist R. ein smarter Mann, er kann reden, sieht gut aus, besitzt einen vernünftigen Schulabschluss und hat Bürokaufmann gelernt, aber auch häufig im Gefängnis gesessen. Vielleicht war normales Arbeiten für ihn einfach zu anstrengend. So hört sich sein Lebenslauf an. Die erste Verurteilung erhielt er mit zwanzig. Was damals vorgefallen war, erfährt man nicht.

Die Vorstrafen sind wichtig für den Fall, um den es hier geht, denn als Mike R. begann, seine neue Geschäftsidee auszubauen, war er erst kurz zuvor aus dem Strafvollzug entlassen und gerade schon wieder verurteilt worden – wegen Betruges. Er hatte im Internet Spielekonsolen verkauft, die er gar nicht besaß. Der Haftantritt stand bevor, doch bis zum Sommer konnte er seinen Einzug in den Knast mit juristischen Mitteln noch hinauszögern. Und genau in diese Zeit zwischen Januar und August fällt seine unrühmliche Karriere als Bestatter.

„Das Anmelden des Gewerbes lief ganz unkompliziert. Keine Behörde wollte irgendwas sehen. Es reichte, dass ich schon mal als Angestellter bei einem Bestattungsunternehmen gearbeitet hatte. Geld? Nein, Geld hatte ich keines. Aber eine Idee." Mike R. erzählt von seinem Start ist Bestattungswesen, als hätte er sich ein Paar neue Socken gekauft, und vermutlich war der Vorgang auch nicht viel aufwändiger. Er meldete seinen Betrieb unter dem schönen Namen „Antares Bestattungen" an, räumte den heimischen Schreibtisch auf und legte los. Über die von ihm entworfene Website bot er „zuverlässige und preiswerte Begleitung in Trauerfällen" an. Und die ersten Kunden ließen nicht lange auf sich warten.

R. spricht von 350 Aufträgen, die er akquiriert hätte. „Am Anfang versuchte ich noch, die vereinbarten Leistungen auch zu erbringen. Aber das ging bei meinen Discountpreisen nicht. Es gibt allein in Berlin über 400 Bestatter, ich musste meine eigene Schiene finden", räumt er ein und beschreibt, auf welche Idee er verfiel: Wer einen verstorbenen Angehörigen eher preiswert beisetzen lassen will, der hatte entweder zu Lebzeiten keine allzu enge Beziehung zum Verstorbenen oder seine finanziellen Mittel sind beschränkt. Die preisgünstigste Variante ist die anonyme Bestattung. Also spezialisierte sich Mike R. darauf.

Anonyme Bestattungen, das merkte Mike R. recht schnell, haben für den Unternehmer den Vorteil, dass die Angehörigen an der Beisetzung nicht teilnehmen, sie erfahren oft nicht einmal genau, wo Vater, Freund oder Nachbar ihre letzte Ruhe finden. In mindestens neunzehn Fällen orderte der umtriebige Bestattungsneuling Mike R. nicht einmal den Platz unterm Rasen, den die Angehörigen bei ihm bezahlt hatten, sondern bewahrte die Urnen einfach bei sich zu Hause im Büro auf. „Das war schon pietätlos, aber es störte mich nicht", sagt R. „Später, wenn das Geschäft sich mal rentieren würde, wollte ich das nachholen."

Der Staatsanwalt, der die Anklage verliest, nennt alle Verstorbenen mit ihren Namen. Das ist nötig, um die Fälle exakt zuzuordnen. Aber es liegt darin auch ein wenig Erinnerung, Gedenken, Wiedergutmachung. „Ich habe die meisten Aufträge übers Internet bekommen, Computer, Telefon und Fax reichten für die Abwicklung meist aus", beschreibt Mike R. das Prozedere. „Ich habe dann Fahrdienste und Krematorien beauftragt, sich der Toten anzunehmen, und bekam die Urnen zurück. Eine Bestattung fand vielfach nicht statt."

Doch auch die Rechnungen seiner Unter-Dienstleister hat Mike R. zunehmend seltener beglichen. Manchmal haben die Krematorien bei ihm gemahnt, manchmal wochenlang nichts unternommen, irgendwann haben sie ihre Rechnungen dann einfach an die Angehörigen geschickt. Und so zahlten die die Summe zweimal.

Es geht um Beträge zwischen 229 und 1.109 Euro, die Mike R. ohne Gewissensbisse von den Hinterbliebenen einforderte für anonyme Feuer- oder Seebestattungen, für Beisetzungen, die nie erfolgten. „Ich habe das Geld, das sich da einsparen ließ, für mich verwendet", gibt R. umstandslos zu. „Aber so viel war das ja nicht. Ich habe bei Freundin und Kind gelebt, meinen Lebensunterhalt bestritten, in Ermangelung eines eigenen Autos gelegentlich Leihwagen geordert, später, als die Aufträge sich häuften, ein Ladenlokal als Büro angemietet."

„Und wie hätte das mal enden sollen?", fragt die Richterin. „Hat nie einer der betrogenen Hinterbliebenen bei Ihnen Ärger gemacht?" „Nein, so weit ist es ja nicht gekommen. Im August war doch Schluss. Das war mir von Anfang an klar. Da musste ich wegen der alten Sache wieder in Haft. Da war sowieso Feierabend."

Ein wenig unklar bleibt, weshalb dieser „Feierabend" Mike R. dazu gebracht hat, all seine Betrügereien mit den nie erfolgten Beerdigungen selbst aufzudecken. Er hat die Urnen, die in seinem Büro so gänzlich am falschen Platz standen, an seinen früheren Arbeitgeber weitergeleitet mit der Bitte, sich zu kümmern und Kontakt zu den Angehörigen aufzunehmen. Er hat sich offenbart, von seinem Geschäftsmodell erzählt. Aber warum? Sollte er endlich begriffen haben, dass „Leben" etwas anderes bedeutet als Stehlen und Betrügen? Oder weil die Frau, die er in der Zwischenzeit kennengelernt hatte und mit der er zusammengezogen war, für ihn so etwas wie einen Neuanfang, ein geregeltes Familienleben bedeutete?

Genau so sei es, beteuert der Angeklagte. „Die Hälfte meines bisherigen Lebens hab ich mich mit Straftaten über Wasser gehalten, die Gründe dafür immer bei anderen gesucht. Selbst Verurteilungen haben mich nicht beeindruckt. Nie habe ich mich selbst hinterfragt, fand alles easy." Mike R. stockt. „Jetzt ist das anders. Ich hatte viel Zeit im Knast, psychologische Hilfe, Gespräche. Ich habe ein Fernstudium begonnen, arbeite im Haftkrankenhaus, bin zum Insassenvertreter gewählt worden und muss für andere da sein. Das kannte ich nicht."

Auch der Staatsanwalt ist überrascht von so viel Offenheit. „Ich würde gerne daran glauben", sagt er. „Aber seine Vergangenheit streift man nicht so einfach ab." Wegen des gewerbsmäßigen Betrugs, des Ausnutzens einer emotionalen Ausnahmesituation der Angehörigen, wegen der gezielten Skrupellosigkeit des Vorgehens, pocht er auf eine Freiheitsstrafe von drei Jahren. Und das Gericht stimmt zu.

Die ersten Betroffenen haben sich inzwischen mit juristischer Hilfe darum bemüht, die Summen, um die Mike R. sie betrogen hat, zurückzubekommen. Das wird schwierig, solange der aus seiner Arbeit im Gefängnis nur knapp 140 Euro monatlich für sich erhält. Mit einer der geprellten Kundinnen gibt es eine Einigung, dass er ihr jeden Monat 30 Euro überweist. Aber selbst für solche kleinen Raten ist während der Haftzeit nicht viel Spielraum. Später vielleicht. Wenn er denn wirklich irgendwann einmal in ein geregeltes Leben finden sollte und wiedergutmachen will, was er angerichtet hat.

„Ach, wissen Sie, um das Geld geht es mir nicht einmal. Das habe ich unter Lehrgeld verbucht", erzählt draußen auf dem Gerichtsflur eine Dreißigjährige, die ihren Onkel, den Bruder ihrer verstorbenen Mutter, beerdigen lassen wollte. „Ich bin gleich nach dem Studium aus Berlin weggezogen, lebe in Hessen, habe den Onkel bei meiner Konfirmation das letzte Mal gesehen." Eine eigene Familie hatte er nicht, aber einen Brief an die Nichte dabei, als er im Krankenhaus starb.

Zwei Jahre liegt sein Tod jetzt zurück, aber die junge Frau ist immer noch über sich wütend. „Mein Onkel schrieb: ‚Macht Euch nicht so viel Mühe …' Aber man stirbt doch nur einmal! Ich habe da versagt. Suchte den einfachsten Weg. Vielleicht auch deshalb, weil ich immer noch sauer war, dass er sich damals zu alt und zu krank fühlte, zur Beerdigung meiner Mutter zu kommen. Aber er war vielleicht wirklich einfach zu krank …" Natürlich hatte auch sie schon einiges über miese Bestatter-Tricks gehört, gerade bei Einäscherungen: über die geklauten Grabbeigaben, den zweimal genutzten Blumenschmuck, das Austauschen des teuren weißen Lindensargs vor der Verbrennung gegen einen aus Kiefer.

Im polnischen Poznan stehen – rein zufällig zeitgleich mit Mike R. – Autodiebe vor Gericht, die im Berliner Umland einen weißen Mercedes-Transporter gestohlen haben. Ein fast alltägliches Delikt. Brisanz erlangte der Autoklau durch die mitgestohlene Ladung: Zwölf Tote, teils angeblich noch in Krankenhauskleidung und an Kanülen angeschlossen, warteten in billigen Holzkisten übereinandergestapelt im Laderaum des Fahrzeugs darauf, zur Einäscherung ins sächsische Meißen gebracht zu werden. Asche zu Asche, mag sich der Bestatter gedacht haben. Und wäre das Auto nicht nachts vom Parkplatz gestohlen worden, man hätte wohl nie davon erfahren.

Kopflos

Ein junger Mann überfällt ein Taxi, raubt es – und rast zu seiner Freundin.

„Es war ein ganz eigenartiger Zustand: Ich wusste genau, was ich tat, und stand trotzdem irgendwie neben mir. Wie schizophren. Wie komplett verrückt. Aber ich musste nach Leipzig, ich musste wissen, was los ist!" Hendrik K., ein lang aufgeschossener, sehr hellhäutiger Mann Ende zwanzig hat sich soeben mit seinem Verteidiger verstritten, weil der geraten hatte, sich noch nicht gleich zur Anklage zu äußern, sondern erst einmal abzuwarten und zu hören, was die Zeugen zu sagen hätten. Darauf wollten sie dann ihre Taktik abstimmen, der Mandant und sein Anwalt. Denn der Vorwurf wiegt schwer: Raub, Körperverletzung, schwerwiegende Gefährdung des Straßenverkehrs. Da könnte es für Hendrik K. unter Umständen günstig sein, sich auf einen Blackout zu berufen. Wenn er sagt, er könne sich nicht erinnern, wie er am Berliner Ostbahnhof ein Taxi kaperte und nach Leipzig raste, um Katharina zu suchen. Denn die ging nicht an ihr Telefon, ihre Kommilitonen hatten sie an jenem Tag nicht gesehen und ihre beste Freundin was von „einem Ausflug mit Lars" gemunkelt. Er, Hendrik K., habe im Affekt gehandelt, aus Verzweiflung.

Ja, verzweifelt sei er schon gewesen, sagt der Angeklagte. „Und kopflos. Kopflos vor allem." Aber er hätte doch im selben Moment auch gewusst, dass er etwas Strafbares tut. Das hätte er schon begriffen, es war ihm nur damals total egal. „Lassen Sie mich doch einfach erzählen!", raunzt Hendrik K. seinen Verteidiger an, als der ihn erneut stoppen will und ihm besänftigend die Hand auf den Arm legt. „Lassen Sie mich." Der hebt die Schultern, merkt, dass er gegen K.s Willen jetzt nicht ankommt, und gibt nach.

Und Hendrik K. erzählt. Doch bevor er das mit dem Taxi erklärt, muss er unbedingt noch was zu Katharina sagen. Wie sehr er sie liebt. Dass es sein Leben veränderte, als er sie zu Silvester auf einer Feier kennenlernte. Wie sie zwei Monate später zusammenzogen, sie die Abiturientin, und er, der angehende Softwareentwickler. Wie er begann, sich für Kunst zu interessieren, weil Katharina verrückt war nach Stücken und Geschichten aus dem Altertum; wie er, der Technikfreak, sich eine neue Welt erschloss. Und weil sie so leidenschaftlich bei der Sache war, nahm er auch in Kauf, dass sie nach dem Geschichtsstudium in Berlin noch ihren Masterabschluss in Leipzig machen wollte. Sie zog in eine WG, kam, so oft es ging, nach Hause, und jedes zweite Wochenende verbrachte Hendrik bei ihr in Leipzig. Sie hatten da einen ganz klaren Rhythmus. „Das klappte gut", erzählt Hendrik. „Immer, wenn Katharina da war, ging's mir prima. Sobald sie weg fuhr, sehnte ich mich nach ihr."

Dann hörte er zum ersten Mal von Lars, einem jungen Dänen, der aus dem Fachbereich Archäologie kam. Der auch in Leipzig studierte. Der Name fiel eher beiläufig, wenn Katharina erzählte, wie sie die Woche verbracht hatte. „Ein interessanter Typ, aber du brauchst deswegen nicht eifersüchtig zu sein", hatte sie zu ihm gesagt, als er einmal nach dem Fremden fragte. Dann wollte er ihn kennenlernen, aber das klappte nie. Und zuletzt lud Katharina ihn sogar vom lange vereinbarten ersten Mai-Wochenende in Leipzig aus. Sie müsse für eine Klausur lernen, sie habe wirklich keine Zeit. „Komm später, Hendrik, sei nicht sauer."

Das war am Donnerstag früh, für Freitag hatte er ein Zugticket, und sie hatte es ihm am Telefon gesagt. Sie müsse jetzt zur Vorlesung, tschüss. Hendrik K. sah rot: Lars. Nur Lars konnte dahinter stecken. Er quälte sein Handy: Anrufe bei Katharina, eine SMS nach der anderen. Aber niemand meldete sich zurück. Eine Kommilitonin, die er erreichte, sagte, Katharina hätte heute frei. Vielleicht säße sie in der Bibliothek.

Hendrik rief seinen Vater an, flehte ihn an, ihm sein Auto zu leihen, gleich jetzt, er müsse nach Leipzig. Aber der Vater brauchte es selber. Auch ein guter Freund verweigerte ihm die Gefälligkeit, vielleicht hatte er ja bemerkt, in welch aufgewühlter Verfassung Hendrik war. „Mach keine Panik. Lass sie in Ruhe", riet er. „Nächste Woche ist alles wieder in Butter."

Aber für Hendrik K. war nichts gut. Er befand sich auf dem Weg zur Arbeit, hatte seine Brieftasche daheim vergessen, aber für solche Kleinigkeiten nun auch keinen Sinn mehr. Er musste nach Leipzig. Sofort. Mit einem Auto. Aber mit welchem?

Da fiel ihm der Taxistand ein, drei Ecken weiter, am Berliner Ostbahnhof. Er rannte los, riss die Tür des ersten Wagens in der Warteschlange auf und drängte den Fahrer zur Eile. Er müsse nach Schönefeld, zum Flieger. Er sei spät dran. Der Taxi-Fahrer erinnert sich später, dass der Mann zwar gehetzt, aber nicht konfus wirkte. „Gewundert habe ich mich nur, dass er so ganz ohne Gepäck kam, ich weiß nicht mal mehr, ob er überhaupt irgendwas in der Hand hatte außer dem Handy. Da tippte er und tippte er, bekam aber offenbar keine Antwort. Er war ganz darauf konzentriert, unterhielt sich nicht. Also sagte ich auch nichts und fuhr."

Kurz vorm Flugplatz, an einer Ausfallstraße, bat ihn K. plötzlich, zu halten. Taxifahrer Winfried G. zögerte. Da griff ihm der Gast rabiat ins Lenkrad, zog die Handbremse, presste ihm das Handy gegen den Hals und drohte: „Raus, Sie müssen raus. Wenn Sie mich fahren lassen, kriegen Sie Ihr Auto wieder! Aber keine Polizei!" K. stieß den Fahrer auf die Straße, zog ihn noch an den Rand, das Hemd zerriss. „Er schubste mich fort und fuhr dann los. Ich konnte mir keinen Reim drauf machen. Nichts hatte ich bei mir, nichts, und die ersten Autos, die ich anhalten wollte, um Hilfe zu bekommen, die fuhren achtlos an mir vorbei. Keiner hielt." Erst eine ältere Dame erbarmte sich des Mannes, hatte aber kein Telefon dabei. Immerhin nahm sie ihn mit zur nächsten S-Bahn-Station. Die war zwar menschenleer und unbesetzt, aber als endlich ein Zug kam, löste immerhin der S-Bahner einen Notruf aus.

Da war Hendrik K. mit „seinem" Taxi aber schon auf der Autobahn. Und anderthalb Stunden später in Leipzig. An der Uni fand er Katharina nicht, nicht in der Bibliothek und auch nicht zu Hause in ihrem Zimmer. Da war nur eine Mitbewohnerin, die auch den Namen Lars nannte. „Ich glaube, die wollte mit Lars übers Wochenende weg. Wohin, weiß ich nicht. Nach Berlin vielleicht?", vermutet sie. Mehr kann sie nicht sagen.

„Und wie sollte das alles enden?", fragt die rotblonde Richterin den so erzählfreudigen Angeklagten. „Dachten Sie, Sie geben den Wagen zurück und alles ist gut? Ich hab hier schon viele krude Stories gehört, aber Sie machen es sich zu einfach."

Als Katharina weg war, dachte Hendrik K. wohl kurzzeitig gar nichts. Er ging in ein nahes Café, trank vier doppelte Wodka, die er nicht bezahlen konnte, verschwand unauffällig, setzte sich in das Taxi und wusste nicht weiter. Ziellos fuhr er durch die Stadt, dachte, so sagt er jedenfalls, daran, gegen einen Baum zu setzen, „aber das ist gar nicht so einfach". Er rammte stattdessen beim Linksabbiegen ein entgegenkommendes Fahrzeug, flüchtete vom Ort, fuhr zu schnell und unaufmerksam, und als er die Autobahnauffahrt schon fast vor sich sah, stoppte ihn eine Streife. Im Protokoll der Festnahme steht: „Hendrik K. leistete keinen Widerstand, er weinte nur und sagte, er habe alles vermasselt. Er sprach klar artikuliert, roch aber nach Alkohol."

Das Gericht möchte auch die Freundin hören, Katharina, aber die ist in Leipzig gerade wieder mal im Klausur- und Prüfungsstress. „Sie hat mir nach dieser Aktion geschrieben, dass sie mit einem so eifersüchtigen Partner nichts anfangen kann und dass wir eine Pause voneinander brauchen. Vielleicht kommt sie ja irgendwann zurück. Ich lebe jetzt allein – und will sie hier auch gar nicht mit reinziehen", bittet Hendrik K. die Richterin. Die verständigt sich mit den Kollegen, ob man auf Katharinas Aussage verzichten kann. Staatsanwalt und Verteidiger willigen ein.

Wegen des Überfalls auf den Taxifahrer, den Unfall mit Fahrerflucht und die große Gefahr, die der kopflose Liebhaber auf öffentlichen Straßen verursachte, wird die Strafe – zwei Jahre – nicht zur Bewährung ausgesprochen. Das ist ungewöhnlich, aber die Richterin betont, dass auch der Angeklagte ungewöhnlich rücksichtslos war, nur an sich und sein Mädchen dachte und andere Menschen ihm in diesem Moment völlig unwichtig waren. „Es hätte alles noch viel schlimmer kommen können. Sie brauchen ein Stoppschild!"

Der von Hendrik K. ausgebremste Verteidiger ist sichtlich unzufrieden, er möchte das Urteil gern anfechten. „Ich spreche mit meinem Mandanten über das weitere Vorgehen", insistiert er. Aber sein Mandant winkt ab. „Vielleicht muss es so sein. Ich werde damit klarkommen." Beim Verlassen des Gerichtssaals greift er nach seinem Handy und schreibt eine SMS.

Nicht ohne meine Wohnung

Die Zwangsräumung einer Berliner Mietwohnung endet mit Feuer, zwei Schwerverletzten und sehr viel Blut.

„Ich bin ja einiges gewohnt", sagt der Polizeibeamte aus, der zum Notfalleinsatz in die Simon-Dach-Straße gerufen wurde, „aber das viele Blut, das ich im Hausflur und im Hof sah, das war schon erschreckend. Hier musste eine Schlacht stattgefunden haben, dachte ich." Zwei Schwerverletzte sind zu diesem Zeitpunkt bereits mit dem Rettungswagen abtransportiert, man weiß nicht, ob sie noch leben, die Feuerwehr ist alarmiert, weil aus einer Wohnung im Seitenflügel dicke Rauchschwaden quellen, und der Mann, der all dies angerichtet haben soll, ein schmaler, älterer Herr, sitzt reglos auf einem Treppenabsatz und lässt sich ohne Widerstand festnehmen.

Roland W., gepflegtes Äußeres, kurz geschnittenes graues Haar, ist zweiundfünfzig Jahre alt – und nun wegen versuchten Mordes angeklagt. In seinem Fall bedeutet das, dass er nicht nur töten wollte, sondern seinen Plan auch noch heimtückisch ausführte, in einer Situation, in der seine Opfer auf einen Angriff überhaupt nicht gefasst sein konnten und auch keine Chance zur Gegenwehr hatten. Dies geschah an dem Tag, an dem die Zwangsräumung seiner Wohnung wegen Mietschulden bevorstand und die Vermieterin sich vergewissern wollte, dass alles geordnet vonstattenging.

„Für mich war die Aussicht auf diesen Moment die Hölle", sagt W. vor Gericht, „ich wusste, dass ich nun aus meiner Wohnung raus musste. Aber wohin? Auf die Straße? Ich habe mich immer wieder gewehrt, aber nun war es so weit. Ich hatte in der Nacht keine Minute geschlafen, war völlig aufgewühlt." W. ist ein Mann, der im Leben öfter mal aneckte. Er hat seinen eigenen Kopf. Arbeitsverhältnisse zerbrachen, Beziehungen. Nur wenn er für sich war und selbstständig arbeitete, so sagt er, fühlte er sich gut. Sein Job als Raumausstatter ließ ihm Freiraum. Er baute Requisiten für Filmaufnahmen, war am Set und verdiente gut, dann aber ging ihm die „Kulturmafia" auf die Nerven. So beschreibt er es. Er zerstritt sich, ließ sich anderswo anstellen, scheiterte. Dann, als er keine Arbeit mehr fand, versuchte er es noch mit einer Umschulung zum IT-Fachmann, aber er lebte auch von Hartz IV. Zurückgezogen, kämpferisch, traurig, unverstanden, zornig, depressiv. Der psychiatrische Gutachter spricht von einer unheilvollen Melange und dem Verlust von Realitätssinn und Lebenslust. „Er bezog alles auf sich, alles Schlechte dieser Welt."

Macht kaputt, was euch kaputt macht – dieses Motto aus dem Song der Ton Steine Scherben muss Roland W. an jenem Morgen, als die Gerichtsvollzieherin erwartet wird, beherrscht haben, nur dieser Gedanke und kein anderer. Er zündet – nachdem er ein paar persönliche Sachen in einen Seesack verstaut hat – Papierstapel, Matratzen und Kartons in seiner Wohnung an, dreht die Wasserhähne in Bad und Küche auf und schlägt die Tür hinter sich zu. „Ich wollte das alles zerstören." Dann geht er die Treppe hinunter, kommt in den Hausflur und sieht ein älteres Paar an den Briefkästen hantieren. Er kennt die Leute nicht, aber er ahnt es: „Sind Sie Frau S.?", soll er ruhig und geradezu höflich gefragt haben, und Frau S., die ihm noch den Rücken zuwendet, dreht sich leicht um und bejaht. Im selben Moment zieht er ein Messer mit feststehender Klinge, zwölf Zentimeter lang, aus dem Etui an seinem Gürtel. Er sticht auf die Frau ein. Auf den Kopf, ins Gesicht, auf die Arme, mit denen sie sich schützen will. So gut es geht, versucht ihr Mann, Herr S., den Angreifer von ihr wegzuzerren, dann trifft das Messer auch ihn. In den Bauch, die Brust, den Rücken. Seine Frau bricht zusammen, nachdem W. sie gegen eine Wand schlägt.

Ein einziges Mal kann Herr S. gezielt zutreten und wehrt Roland W. so für Sekunden ab. Er zerrt seine Frau raus aus dem Flur, hinter die Hoftür, und erst, als ein Nachbar zu Hilfe kommt, schwinden auch ihm die Sinne. Achtzehn tiefe Stichwunden zählen die Mediziner später in den Körpern der beiden.

Für zehn Uhr früh am Montagmorgen war die Zwangsräumung angesetzt. Roland W. hatte dagegen geklagt, aber das Gericht entschied zu seinen Ungunsten: Die Kündigung war rechtens und die Zwangsräumung auch. Zu lange habe er unbegründet die Miete gemindert, sich gegen Modernisierungen im Haus gesträubt, zu viel Mietrückstand habe er angehäuft und keine Einsicht gezeigt, geschweige denn einen Willen zum Nachzahlen. „Damit hätte er alles noch abwenden können!", beteuert der Rechtsanwalt, der die beiden schwer Verletzten vertritt – Herrn und Frau S., die Vermieterin. Die Frau, der er nie zuvor begegnet war, denn der Streitfall lief immer über den Mieterverein, über Briefe und über Rechtsanwälte.

„Miethaie bei Wohnungsräumung niedergestochen", lautete eine der Zeitungsschlagzeilen am nächsten Tag. Da lag Frau S. mit schweren Stich- und Schnittverletzungen im Virchow-Klinikum, und ihr Mann, der sie am Tattag nur begleitet und mit der ganzen Mietsache nichts zu tun hatte, war nach mehreren Notoperationen noch nicht außer Lebensgefahr. Lunge, Leber und Zwerchfell waren verletzt worden, der Blutverlust war immens, die Ärzte blieben skeptisch. „Miethaie, das hat mich sehr getroffen", erzählt die Vermieterin, als das Gericht sie als Zeugin hört. „Ich habe dieses alte Haus von meiner Mutter geerbt, die viele Jahre lang selbst dort gewohnt hat. Sie wollte, dass ich es behalte. Aber der Zustand war schlecht, es musste vieles getan werden", beschreibt sie die Immobilie, die mit Vorderhaus und Seitenflügel in einer gefragten Wohngegend im zentrumsnahen und als Szeneviertel gerühmten Stadtteil Friedrichshain liegt. Ganze Straßenzüge sind hier schon saniert worden, neue Mieter zugezogen, eine modernisierte oder gar neu gebaute Wohnung kostet nicht selten zehn bis zwölf Euro Miete pro Quadratmeter. Auch ohne Luxus.

Roland W. bewohnte zwei kleine Zimmer, 60 Quadratmeter, und zahlte knapp die Hälfte. Keine 300 Euro warm. Doch auch die waren für ihn, wie er fand, zu viel. Von ständigem Ärger im Haus ist die Rede, von Baulärm und Baudreck über Monate. Der Hof wurde betoniert, die Abflüsse funktionierten nicht. Bäume und Sträucher verschwanden. Dann mussten die Balkons weg. Sie wurden, so erinnert sich W., ohne Ankündigung abgerissen, „und ich bekam keinen neuen, ewig nicht". Miete mindern!, riet der Mieterverein, und W. tat es. Er fühlte sich im Recht. Er reagierte nicht auf Mahnungen, schrieb aber Briefe, nicht immer sachliche, und ließ sich nur zu gern in seiner Ansicht bestärken, dass er einer Räumungsklage gelassen entgegensehen könne. „Ihnen passiert nichts", hatte der Mieter-Anwalt ihn beruhigt. Aber das stimmte nicht.

In seinem notdürftig gepackten Seesack fand die Polizei neben diversen Waffen wie Samurai-Schwert, Faustmesser und Totschläger auch Umschläge mit Geld, alles in allem eine Summe, die die Mietschulden mehr als abgedeckt hätte. W. hätte die Zwangsräumung abwenden können – aber er wollte nicht. Er fühlte sich ungerecht behandelt und von der Welt im Stich gelassen. Also schlug er zu. Das erste Mal in seinem Leben wurde er handgreiflich und gleich äußerst brutal. Er kann von Glück reden, dass kein anderer Bewohner des Hauses bei dem Brand, den er legte, zu Schaden kam, dass die Vermieterin und ihr Mann den Angriff überlebten. So bleibt es beim versuchten Mord. Das Gericht hält daran fest, dass seine Opfer ohne Arg waren und trotz der extremen Situation mit dem Angriff nicht rechnen konnten. Roland W., der Einsame, wird zu acht Jahren Haft verurteilt.

Du lernst das nie!

Sehr selten kommt es so weit, dass Lehrer vor Gericht stehen, weil Schüler sie beschuldigen.

Sieglinde B., 57, hat sich hinter dicken Mauern verschanzt. „Mit Leib und Seele bin ich Lehrerin", verliest sie im Gericht von einem Zettel, als sie gefragt wird, was sie zu den Vorwürfen sage. „Ich habe mich immer bemüht, meine Schüler zu tüchtigen Menschen zu erziehen." Und: „Es gibt Briefe von Schülern und Eltern, die mir dafür danken." Nun heißt es, sie habe Erstklässler geschlagen.

Ihr Gesicht, stark geschminkt, verrät keine Emotionen, sie trägt einen harten, mürrischen Zug um den Mund wie einen Schutzschild vor sich her. Er schützt sie vor Gefühlsausbrüchen. Sie lacht nicht, sie weint nicht, sie spricht nicht über sich, sie protestiert nicht, wenn ihr etwas gegen den Strich geht, sie signalisiert nicht, dass sie etwas schmerzt, sie sitzt an all den quälenden Verhandlungstagen, die das Amtsgericht Königs Wusterhausen gegen sie führt, akkurat gekleidet, unnahbar und seltsam ungerührt auf ihrem Platz. Sie ist die Angeklagte – und die böse Welt da draußen hat sich gegen sie verschworen. Will sie strafen und vernichten. Nichts anderes zeigt ihre Körpersprache.

Aber es gibt nichts zu strafen!, ruft es stumm aus Frau B., und so hält sie, ohne ihren Schmerz zu zeigen, in ihrer Opferrolle bis zum Urteil aus. Zehn lange Tage lang. Mag sich ihr ehrgeiziger junger Anwalt noch so ungelenk für sie in die Bresche werfen, mögen all die Menschen, die sie zur Strecke bringen wollen, noch so emotionsgeladen und erschrocken von den Vorwürfen gegen sie erzählen, mögen sich die Kinder, die sie bis vor einem Jahr unterrichtete, noch so ängstlich nach ihr umdrehen, wenn sie als Zeugen aussagen müssen. Sieglinde B. hat sich nichts vorzuwerfen.

Das sehen die betroffenen Familien natürlich anders. Ihre Kinder, Schulanfänger, wurden im September in die Klasse von Sieglinde B. eingeschult. Mädchen und Jungen, die zuvor Kitas im südlichen Berliner Umland besucht hatten und jetzt endlich groß genug waren, um Lesen und Rechnen zu lernen. Sie freuten sich auf die Schule, waren neugierig auf Neues. Ihre Klassenlehrerin an der Eichwalder Grundschule war eine erfahrene Pädagogin, seit fünfunddreißig Jahren im Dienst, sie wohnte in der benachbarten Kreisstadt. Hierher in den Vorort war sie erst vor einigen Jahren wegen Lehrermangels versetzt worden, und man weiß nicht so recht, wie sie sich an der neuen Schule fühlte. Sie gab wenig von sich preis. Dass sie zu jener Zeit unter einer Trennung litt, wussten die wenigsten Kollegen, aber Sieglinde B. galt als souveräne Erzieherin, die ihre Klassen im Griff hatte.

Vielleicht liegt genau hier das Problem. Im-Griff-Haben. Doch Frau B. äußert sich dazu nicht. Bedeutet Im-Griff-Haben respektieren, motivieren, Lust wecken? Oder eher Störungen vermeiden, Macht beweisen, Gehorsam erzwingen? Und wie funktioniert das bei Sechsjährigen? Zur Not mit Gewalt? Was tut eine erfahrene, aber vielleicht auch dienstmüde und gestresste Lehrerin, wenn so ein „Frischling" träumt, anstatt mitzudenken, Malstifte und Rechenstäbchen nicht schnell genug aus der Mappe holt, mit der Banknachbarin schwatzt, mitten in der Stunde aufs Klo muss oder auch nach dem zweiten Erklären noch nicht verstanden hat, was er von der Tafel abschreiben soll? Welche Chance haben Pädagogen mit so vielen Berufsjahren, aber gewiss auch angegriffenen Nerven, innerhalb des Schulsystems Unterstützung und Erleichterung zu bekommen? Wie sehr leidet ihr Image, wenn sie nicht mehr „alles im Griff" haben? Warum nutzt die Lehrerin Sieglinde B., die angeklagt ist, ihre Erstklässler mit Worten eingeschüchtert, mit Schlägen zur Ordnung gemahnt und mit Drohungen zur Räson gebracht zu haben, das Gericht und die große öffentliche Aufmerksamkeit für ihren Fall nicht, solche Fragen zu thematisieren? Weil sie ein unschuldiges Opfer ist? Der Lügenkampagne einer jungen, übermotivierten, besserwisserischen Elternschaft ausgesetzt?

Bis zum Ende des ersten Schulhalbjahres ungefähr waren die Eichwalder Elternpaare, die sich daheim nicht erklären konnten, warum ihre Kinder schon seit einigen Wochen keine Freude mehr am Lernen hatten, warum sie nicht mehr sprudelnd davon erzählten, was sie tagsüber erlebt hatten, sondern merkwürdig verstummten, ohne Argwohn. Sie machten sich insgeheim durchaus Sorgen, aber sie wollten die Kinder nicht bedrängen. Sie dachten, die Umstellung von der Kita zur Schule sei wohl doch schwerer als erwartet, und die Sechsjährigen bräuchten einfach noch Zeit, sich an das Neue zu gewöhnen. Keine der Familien glaubte damals auch nur im Traum daran, die Klassenlehrerin der 1b könne an all dem Schuld tragen.

Doch die Symptome mehrten sich. Niklas begann wieder, sich die Haare auszudrehen, nässte nachts ein, weinte früh auf dem Weg zur Schule. Emilia brachte keine anderen Kinder mehr mit nach Hause zum Spielen, sie bekam komische Ticks, rollte mit den Augen und drückte sie mit den Fäusten ganz fest zu, bis Tränen flossen. Sie klagte über Kopfschmerzen und hatte Angst, man könne in sie hineingucken. Vincenz begann sich zu verstecken, „er wirkte bedrückt, ängstlich und durch den Wind", beschreibt es später die Kinderärztin, die ihn behandeln musste. Gina schrie im Schlaf, bekam Bauchschmerzen, wenn sie aufstehen sollte, erbrach sich. Auch Doro ging nur noch widerwillig in die Klasse und litt immer häufiger an Übelkeit. Die Eltern bemerkten sehr wohl, dass ihre Tochter still wurde und von sich aus nichts mehr über die Schule erzählte, obwohl sie in den ersten Wochen voller Begeisterung dabei war. Doros Vater fand das seltsam und wollte seine Beobachtungen auch mit der Lehrerin besprechen. Vielleicht wusste die Rat. Doch er erinnert sich nur an ihre recht harsche Antwort, dass sie in Eile sei und sich „hier nicht um jedes einzelne Kind kümmern" könne: „Unser Schulprinzip heißt schließlich nicht umsonst individuelles Lernen!"

Davon, dass auch andere nicht mehr von der Schule schwärmten, Moritz jeden Tag regelrecht Angst hatte und zu Hause jammerte: „Ich lerne das nie." Dass der fixe, vorzeitig eingeschulte Arvid zu seiner Mama so merkwürdige Sachen sagte wie: „Ich will nicht mehr in die Schule gehen. Schule ist blöd. Das Leben ist blöd." und weinte, all das wusste keiner vom anderen. Alle Eltern dachten, nur ihr Kind hätte ein Problem.

Bis zu jenem Abend im Februar, an dem in lockerer Runde, bei einem Bier oder Wein, über ein Frühlingsfest in der Klasse gesprochen werden sollte. Elternvertreter der 1b hatten zu einem „Stammtisch" eingeladen, die Lehrerin sagte ab, weil sie solche „Instanzen" für „unnötig" hielt; aber die Eltern waren ja nicht auf sie angewiesen und planten sozusagen privat – um ihren Kindern nach dem ersten Halbjahr eine Freude zu machen und die Klasse näher zusammenzubringen. Formlos und ohne Tagesordnung kam man ins Gespräch. Und wäre da nicht Arvids Mutter gewesen, die etwas auf dem Herzen hatte, mit dem sie so gar nicht klarkam, dann hätte der Abend womöglich wirklich mit einer Fest-Planung geendet. So aber erzählte sie von den Ängsten, die ihren Sohn seit einiger Zeit quälten, von seinen Selbstzweifeln und davon, dass Arvid ihr, beim Vorlegen des Matheheftes, gerade gebeichtet hätte, wie „dumm er sei": „Ich habe alles falsch gemacht, da hat Frau B. mit mir ganz laut geschimpft, alles durchgestrichen und mir auf den Kopf gehauen."

Das war wohl der berühmte Tropfen, der das Fass zum Überlaufen brachte und auch die anderen Eltern von ihren unerklärlichen Beobachtungen berichten ließ. Von Bauchscherzen, Furcht und Übelkeit, von Einnässen, nächtlichen Albträumen und Verlust jeder Fröhlichkeit. „Ich konnte es gar nicht fassen, wie viele verschiedene Geschichten da zur Sprache kamen", sagt eine Beteiligte vor Gericht, deren Kind noch immer, wie in den ersten Wochen, neugierig zur Schule geht. „Meine Tochter erzählte mir, als ich sie fragte, dass Frau B. zu ihr immer nett gewesen sei, aber dass sie mit anderen Kindern oft schimpfen würde und ihnen sagte, dass sie schlecht sind und selbst babyleichte Sachen nicht verstehen. Manche Kinder weinten im Unterricht, und Frau B. hätte sogar schon mal zugeschlagen – bei anderen."

Nach jenem Stammtisch fanden in vielen Eichwalder Familien eindringliche Gespräche statt, Elternvertreter initiierten eine Fragebogenaktion, um sich einen ersten Überblick über die Sorgen der anderen zu verschaffen. Und mindestens vier Elternpaare erfuhren von ihren Sechsjährigen, dass ihre Lehrerin sie mit klatschenden Schlägen für Nichtigkeiten bestraft hätte. Dass sie vor der Klasse angeschrien und lächerlich gemacht wurden, dass ihre Lehrerin sie „dumm" und „blöd" schimpfte, dass sie sich dafür sehr, sehr geschämt hätten und sich im Unterricht nicht mehr trauen würden, etwas zu sagen. Den Satz „Du lernst das nie!" haben einige bis heute nicht vergessen.

Zeitgleich gingen die ersten Elternbitten um Gespräche an der Schule ein. Frau B. wiegelte ab, keine Zeit. Dafür, so berichteten später einige Kinder zu Hause, hätte die Lehrerin sie zu einem

„Stuhlkreis" zusammengeholt und gefragt, ob etwa einer von ihnen zu Hause etwas von Schlagen und Schimpfen erzählt hätte. Sie habe jeden einzelnen angeschaut und mit dem Zeigefinger gedroht: „Merkt euch das, Frau B. schimpft und schlägt nicht! Das will ich nicht mehr hören. Und wenn ihr lügt, bekomme ich das raus."

Dass die Eltern von nun an eine ungezügelte Hetzkampagne gegen sie betrieben, ist und bleibt Sieglinde B.s ganz persönliche Sicht. Mit keinem Wort, keiner Geste gibt sie zu verstehen, dass Eltern, die solche Dinge von ihrem Kind hören, zu Recht besorgt und aufgeschreckt sind. Dass sie Aufklärung suchen. Dass Verzweiflung und Wut dazukommen, wenn der Eindruck entsteht, dass niemand ihre Befürchtungen ernst nimmt. Die Lehrerin blockt ab, verweigert jede Aussprache. Die Schulleiterin stellt sich vor die Kollegin und bedeutet den Beschwerdeführern, das alles nicht so aufzubauschen. Sie ist nicht gewillt, sich die Vorwürfe der betroffenen Eltern in gebündelten Gesprächen anzuhören. Die Eltern bestehen darauf, nicht nur einzeln vorgelassen zu werden. Sie wollen ihre Argumente gemeinsam austauschen und nicht am Ende allein vor der „Institution Schule" stehen, ohne Zeugen, ohne Beistand. Als auch dringliche Hilferufe der Eltern ans zuständige Schulamt ohne Reaktion bleiben, nimmt die erste Familie ihr Kind aus der Klasse und erstattet Anzeige gegen die Lehrerin Sieglinde B.

Von nun an gibt es keine sinnvolle Verständigung mehr, eine für Anfang März einberufene Versammlung klärt nichts. Die Eltern sorgen sich um ihre Kinder, verlangen Konsequenzen, die Lehrerin schweigt, die Direktorin hält alle Messen für gesungen, der Schulamtsleiter verspricht, den Dingen „nachzugehen", eine Psychologin besucht die Klasse. Sie bemüht wissenschaftliche Tests, um Anhaltspunkte für die massive Schulangst der Kinder zu finden, und fasst ihr Ergebnis in einem Hinweis ans Schulamt zusammen. Das wäre „mehr mündlich" geschehen, beschreibt sie den Vorgang leicht nebulös. Aber sie hätte schon „Anlass zum Eingreifen" gesehen.

Der Dienstherr reagiert wie öffentliche Dienstherren gern reagieren: Er wartet ab. Versetzt die 57-Jährige fürs Erste in die nächstgelegene Nachbargemeinde, als sich dort Protest erhebt, fällt ihm schließlich eine etwas weiter entfernte Schule ein, in der die Angeschuldigte unterrichten könne bis „alles geklärt" sei. Und klären heißt für ihn: das Gerichtsurteil abwarten.

Das Urteil fällt an einem trüben Frühjahrsnachmittag, als eigentlich niemand damit rechnet. Zu oft in den vergangenen Wochen schien es schon so, als sei alles gesagt, aber immer wieder fielen dem eifrigen jungen Verteidiger Dinge ein, der er gern noch klären lassen wollte. Ob die Sitzpläne im Klassenzimmer an allen Tagen, an denen die vermeintlichen Schläge stattgefunden hätten, genau so eingehalten wurden. Ob die kindlichen Zeugen nicht eigentlich einer ausführlichen psychiatrischen Begutachtung unterzogen werden müssten, der Glaubwürdigkeit wegen. Ob man nicht zusätzlich Informationen in den Kindergärten einholen sollte, wie die Kinder sich früher dort verhalten hätten, ob man dies, ob man das.

Aber die kleine, schmale Amtsrichterin, die zehn Tage lang allen Beteiligten sehr viel Raum gelassen hat, ihre Vorwürfe und Einwände vorzubringen, sie entscheidet jetzt: Schluss der Beweisaufnahme. „Ich habe keinen Zweifel an den Aussagen der Kinder und ihrer Eltern." Alles, was geschildert wurde, sei sehr klar und nachvollziehbar gewesen. Und Frau B. habe auch hier vor Gericht mit ihrem Verhalten gezeigt, dass sie sehr wohl in der Lage sei, Sechsjährige einzuschüchtern und unter Druck zu setzen. Eine konzertierte Aktion der Eltern, so befindet die Richterin, könne sie „keineswegs erkennen". „Es ist das Natürlichste von der Welt, dass sie sich Sorgen machen und um Aufklärung bitten."

Weil Frau B. ihre Macht missbraucht und den Kindern nicht nur körperlich Gewalt angetan habe, belässt die Richterin es nicht, wie sonst eher üblich, bei einer Geldstrafe. Sieglinde B. wird eine Haftstrafe angedroht – sechs Monate, auf Bewährung. Wenn sie weiter unterrichtet, wird sie wissen, dass viele Augen auf sie schauen. „Ich habe mir nichts zu Schulden kommen lassen", insistiert die Lehrerin in ihrem letzten Wort.

Inzwischen hat die Verteidigung Berufung eingelegt. Es geht also weiter. Und der Dienstherr kann weiter abwarten. „Lasst der Frau doch die paar Jahre bis zur Rente", steht in einem Leserbrief in der örtlichen Regionalzeitung.

Zu hoch gepokert

Ein Zahnarzt mit gutgehender Praxis setzt alles auf eine Karte – und verliert. Am Ende steht sein Lebenswerk in Flammen.

Nein, selbstverliebt erscheint Dr. L. auf den ersten Blick nicht. Er ist kein Beau, kein Schönling, kein Mann, der allein mit seiner Aura verzaubern könnte, sondern ein unscheinbarer 60-Jähriger. Nicht groß, nicht klein, nicht dick, nicht dünn, nicht blond, nicht dunkel – alterslos und reserviert passt als Beschreibung vielleicht am besten. Und doch benutzt der Psychiater, der vor Gericht über den Angeklagten Dr. L. spricht, Worte wie „narzisstische Persönlichkeit", von „großer Selbstüberschätzung gezeichnet", „jemand, der sich über andere erhebt". Ähnlich von sich überzeugt wie der griechische Sagenjüngling Narziss, der beim Blick auf sein Spiegelbild in Verzückung geriet. Der antiken Legende nach nahm er ein trauriges Ende, als er im glitzernden See, in seinem schönen Ebenbild, ertrank. Dr. L., der Kieferchirurg, wollte ein Flammenmeer erzeugen und darin versinken.

„Ja, ich wollte zugrunde gehen", sagt der Arzt, der wegen Brandstiftung und Herbeiführung einer Sprengstoffexplosion vor Gericht steht, „ich sah keinen Sinn mehr in meinem Leben". Doch er überlebte fast gänzlich unverletzt. Und das nicht etwa durch einen unverhofften Zufall oder einen unglaublichen Akt des Glücks, sondern weil er in letzter Sekunde floh. Die Streichhölzer wegwarf, zur Tür seiner Praxis stürzte und wie in Trance, so beschreibt er es, nach Hause fuhr. Er legte sich in die Badewanne, versenkte in ihr, was passiert war, fiel danach ins Bett und wachte zwölf Stunden lang nicht auf. Erst als seine Sprechstundenhilfe ihn mittags anrief und von einem schrecklichen Brand in der Praxis berichtete, holte ihn die Wirklichkeit wieder ein.

Bis zum Moment der Wahrheit, wo der Verdacht auf ihn fiel und er nicht länger den Unwissenden zu spielen vermochte, vergingen allerdings noch einmal zehn Tage. Er war in der Zwischenzeit am Tatort gewesen, hatte die Ruine seiner Praxis gesehen und erkannt, wie gewaltig der Schaden war, den er in dem gesamten Gebäudekomplex angerichtet hatte, und hoffte nur, „es ginge irgendwie vorbei". Das Berliner Einkaufszentrum „Forum Zehlendorf", in dem er mit seinen OP-Räumen Mieter war, musste damals tagelang gesperrt werden, und noch Monate später ist die obere Etage, sind die benachbarten Praxen und Büros nicht benutzbar. Auf mindestens 1,5 Millionen Euro beziffern Versicherer den Schaden. Und sie werden alles daran setzen, sich dieses Geld bei Dr. L. zurückzuholen. Doch dazu braucht es einen Schuldspruch. Die Richter müssen prüfen, ob Dr. Joachim L. an jenem Tag, an dem er fünfzig Liter Benzin in seiner Praxis verschüttete, den Brand und die Zerstörung wirklich beabsichtigte, und ob er in dem Moment zurechnungsfähig war, „schuld- und steuerungsfähig", wie es korrekt heißt.

Dr. L. hat ein Geständnis abgelegt und wiederholt es nun vor Gericht. „Dieser ganze Tag war eine einzige innere Katastrophe", erinnert er sich. Genau genommen kulminierten in ihm zehn aufreibende Jahre, in denen er mit großem Erfolg und ebenso heftigen Zerwürfnissen seine Praxis für zahnärztliche Chirurgie in dem eher wohlhabenden West-Berliner Stadtteil betrieb. Dr. L. hat sich, so sagt er, „hochgearbeitet". Ein einfacher Zahnarzt zu sein, das befriedigte seinen Ehrgeiz, sein Selbstbild nicht. Er promovierte, bildete sich weiter, studierte mit über vierzig noch zusätzlich Humanmedizin, schrieb eine zweite Promotion mit glänzendem Ergebnis, war stolz, auf das, was er erreicht hatte, auch wenn sein Vater es noch im Sterbebett mit einer laschen Handbewegung abtat. Und als sich die Chance bot, erwarb er eine Spezial-Praxis, in der er die Gebisse von Patienten nach schweren Krankheiten oder Unfällen operativ wiederherstellte. Seine Praxis!

Dass nicht immer alle Patienten mit ihm zufrieden sind, versucht L. zu ignorieren, denn die Beschwerden betreffen wohl weniger die fachliche Arbeit als die menschliche Seite. Der Doktor sei „mitunter etwas ruppig gewesen", räumt die Sprechstundenhilfe ein. Was das heiße, möchte die Richterin wissen, aber die junge Frau, Jessica, 23, flüchtet sich in blumige Formulierungen. „Es gab da vielleicht ab und an kleine Dissonanzen", nimmt sie ihren Chef in Schutz. So lange, bis die Richterin ihren Ton schärft:

„Es gab sogar Anzeigen gegen ihn – doch wohl nicht wegen ‚kleiner Dissonanzen'!" Also bitte: Genauer! „Er war nicht immer so mitfühlend", sagt Jessica kleinlaut. „Wenn einer Angst hatte oder weinte, hieß es schon mal, ‚Stellen Sie sich nicht so an. Da müssen Sie durch. Stillhalten!'" Von etwas anderem weiß sie nichts oder will sie nichts wissen.

Aber dass Dr. L. auch im unmittelbaren Umfeld seiner Praxis nicht sonderlich beliebt war, das muss sie schon einräumen. Da gab es diverse Male Streit mit dem Vermieter, mit der Hausverwaltung, mit Büronachbarn. Der Allgemeinmediziner, der auf der gleichen Etage praktizierte, erzählt, wie Dr. L. ihn anfangs beinahe mit seiner Freundschaft bedrängte, ihn dann aber auch wegen einer Lappalie beschimpfte, wütende Briefe schrieb und mit „Fertigmachen" drohte. „Weil ich es gewagt hatte, in Urlaub zu gehen, ohne mich bei ihm zu verabschieden, beispielsweise. Da konnte L. regelrecht ausfallend werden und sich völlig unadäquat erregen", sagt der Zeuge. Dass L. allerdings tatsächlich handgreiflich werden würde, das konnte er sich lange nicht vorstellen. Schließlich bewies es eine Videokamera aus der Tiefgarage des Einkaufsforums. Es hatte zuvor schon einige Male Zerstörungen am Auto des Allgemeinmediziners gegeben, doch es fand sich kein Täter. Bis das Videoband Dr. L. einfing: den Kieferchirurgen, wie er Hand anlegte und das Auto des Kollegen zerkratzte. Sein eigener Porsche stand nur ein kleines Stück entfernt.

Eine andere Kollegin, die sich bei L. über eine Behandlung beschwert hatte, sperrte der Arzt in einer Kammer ein.

Die Hausverwaltung bestätigt, dass es immer wieder Beschwerden über L. gab und man auch selbst Zwist mit dem Mieter hatte. Aber er zahlte ja gut für seine Räume, und so blieb die offene Konfrontation aus.

Was Dr. L. schließlich dazu trieb, seinen langjährigen Mietvertrag dennoch zu kündigen, steht in den Sternen. Vielleicht lief ja die Praxis zuletzt nicht mehr so gut, wie sie sollte und wie es dem Lebensstil des Arztes entsprach. Der hatte mit den Jahren nämlich Gefallen daran gefunden, nicht nur schicke und teure Autos zu fahren, sondern mit ihnen sogar an Rennen teilzunehmen. Auch den Pilotenschein hatte er abgelegt und trat in seiner Freizeit nun häufig als ambitionierter Hobbyflieger auf. Er, der früher Marathon gelaufen war, fühlte sich zu exklusiven Sportarten hingezogen, auch wenn ihn Alkohol, Tabletten und Schmerzen zeitweise außer Gefecht setzten. Bei seinen extravaganten Hobbies fand er mehr Freunde als im Kollegenkreis, und die Herausforderungen ersetzten ihm vielleicht die Familie.

L. sagt, er hätte den Mietvertrag gekündigt, um günstigere Konditionen für sich auszuhandeln. Er dachte wohl, das wäre ein leichtes Spiel, denn wer würde schon auf ihn, den renommierten Facharzt, verzichten wollen? Ob er die langjährigen Zerwürfnisse im Haus da ausgeblendet hat? „Selbstgefällig" hat der psychiatrische Gutachter den Angeklagten genannt, „eitel", „mit einer Selbstwahrnehmung, die keine Niederlagen erlaubt". Das könnte sein Pokern durchaus erklären. Vielleicht aber wollte Dr. L. auch nur alles auf eine Karte setzen und den Mietvertrag riskieren, um neue Wege gehen zu können und die Praxis zu verkaufen. Mit sechzig Jahren hätte er sich ja durchaus schon zur Ruhe setzen und allein seinen Hobbies frönen können – vorausgesetzt der Verkauf hätte genug eingebracht. Aber wer würde bei einer gut laufenden Zahnarztpraxis daran Zweifel hegen?

Es kam, wie Dr. L. es nicht erwartet hatte und nicht akzeptieren konnte: Der Vermieter nahm die Kündigung fristgemäß zum Jahresende an, und er baute seinem Mieter keine Brücken.

Dr. L. greift zu Plan B. Er erwägt kurzzeitig, selbst neue Räume zu suchen, findet nichts Geeignetes, inseriert seine Verkaufsabsichten und geht in die Verhandlungen mit Preisvorstellungen, die schnell an der Realität zerplatzen. Von einer halben Million Euro ist die Rede, doch kein ernsthafter Interessent findet sich für eine so hohe Summe. Dr. L. muss zurückstecken. Er fühlt sich in die Ecke gedrängt. Zum Jahresende verhandelt er mit einem Schweizer. Sie feilschen um Details. Ein Vertrag wird aufgesetzt, Kaufpreis 250.000 Euro. Aber der Interessent verlangt genauere Daten, Auskunft bei der Ärztekammer. Das dauert. L. muss schließlich sogar beim Vermieter darum bitten, das Vertragsende noch einmal aufzuschieben. Der verlängert. Einmal, zweimal, dann steht der Auszug unumstößlich fest: Am 30. Juli endet nun das Mietverhältnis, bis dahin muss alles unter Dach und Fach sein.

Doch im März sagt der Schweizer ab, die Wirtschaftlichkeitsberechnung, sie kann nicht gut ausgefallenen sein. Dr. L. prozessiert gegen ihn, hat aber keinen Erfolg. Nun drängt die Zeit. Der letzte Kollege, mit dem er kurz vor Ultimo seine Notlage verhandelt, muss Dr. L. tief gekränkt haben. Wenigstens 140.000 Euro sollte der Nachfolger noch zahlen. „Vergessen Sie's", raunt der ins Telefon, „und streichen sie vorn die Hundert."

Das war am letzten Donnerstag im Juni. Am Freitag früh bespricht Dr. L. alles Notwendige mit einer Umzugsfirma. Sie soll am Montag sämtliche Möbel und medizinischen Geräte aus der Praxis holen und sie in einem Depot zwischenlagern. Für bessere Zeiten, an die nun wohl auch Dr. L. nicht mehr glaubt. Er hat hoch gepokert und verloren. Er fühlt sich betrogen. Um sich das nicht eingestehen zu müssen, weist er seine OP-Schwester an, weiter Termine zu machen, bis in den Sommer hinein. Ihre Kündigung hat er soeben unterschrieben, er packt Unterlagen in Kartons, räumt im Büro seine Sachen zusammen und geht. Ganz ruhig, fast normal. Nur seine Seele gerät zunehmend in Aufruhr. Zu Hause versucht er sich abzulenken. Isst, schaut fern. Starke Tabletten, die gegen Depressionen verschrieben werden, sollen ihm helfen. Aber er wird immer unruhiger.

Gegen Mitternacht weiß er, was zu tun ist. Er holt drei Kanister aus dem Keller, gefüllt mit insgesamt 50 Litern Benzin, seiner „Rennsportreserve", er lädt sie ins Auto, ist sich klar, dass er das einzig Richtige machen und seine Praxis anstecken wird. Wenn er sie nicht mehr haben kann, dann niemand! „Für mich war alles vorbei, verloren." Er, Dr. L., ist ein Loser – genau so würden sie ihn sehen, all die Neider und Verächter. Das konnte er nicht zulassen." Meine Gedanken fuhren Achterbahn", immer schneller, immer rasanter. „Was bin ich ohne meine Praxis", schießt es ihm durch den Kopf, und er ist gewillt, sich selbst mit umzubringen. „Trotzdem hat mich das alles zerrissen. In dem einen Moment sagte ich mir, ja, stirb hier! Im nächsten Sekundenbruchteil rief ich: Halt, das kann nicht das Ende sein!"

Das Brandbild zeigt, so ein Gutachten, dass das Benzin sehr sorgsam und bewusst in der Praxis ausgebracht wurde. Die beiden OP-Stühle, das Herzstück, sollten am kräftigsten brennen.

Vorn am Eingang hingegen fehlen erkennbare Spuren. Ein Fluchtweg? Das könnte die Selbstmordabsicht relativieren. Allerdings lässt sich die Wirkung, die Benzin als Explosionsstoff hervorbringt, niemals exakt vorausberechnen. Das weiß das Gericht. Und auch Dr. L. konnte nicht davon ausgehen, dass er nicht mit in die Luft fliegen würde. Selbst wenn er, wie er beteuert, in allerletzter Sekunde noch versuchte, das angerissene Streichholz mit den Fingern wieder auszudrücken.

„Aus seinem Narzissmus heraus, seiner Ich-Bezogenheit, beging Dr. L. diese Tat. Es mag ein starkes Rachegefühl in ihm geherrscht haben, aber er wollte wohl nicht, dass außer ihm andere Menschen in Gefahr kommen. Nachts, um diese Zeit, ist das Geschäftshaus gewöhnlich leer", räumt die Staatsanwältin ein. Das Rachemotiv hat der Gutachter mit L.s seelischer Verfasstheit erklärt, seiner abnormen Kränkbarkeit. „Gott vergibt. Ein Narzisst nie."

Das Gericht verurteilt Dr. Joachim L. zu einer Gefängnisstrafe von dreieinhalb Jahren und sieht Fluchtgefahr. Der Haftbefehl bleibt bestehen. Die Schuldenlast in Millionenhöhe wird Joachim L. wohl nie abbezahlen können, die Praxis ist weg, als Arzt hat er keine Chance mehr, das Spiegelbild ist zersprungen. Nur unter der Telefonnummer seiner Praxis meldet sich noch immer der Anrufbeantworter.

+++

Dass seine Revision gegen das Urteil erfolgreich war, erfährt Dr. Joachim L. nicht mehr. Der Bundesgerichtshof hatte gerügt, dass die Suizidabsicht des Arztes nicht genügend berücksichtigt worden sei. Es müsse ein neues Urteil geben, befinden die obersten Richter.

Da ist Dr. Dr. med. dent. Joachim L. aber schon tot. Im „Tagesspiegel" liest man später einen langen Nachruf auf ihn, der „für sein Leben gern operierte" und mitunter sogar in der Kneipe „Umstehende an seiner Passion teilhaben" ließ. Ein halbes Jahr nach seiner Verurteilung hat er sich im Leipziger Fünf-Sterne-Hotel Fürstenhof ein Zimmer gemietet, die Tür verriegelt, einen Abschiedsbrief geschrieben und Tabletten genommen. Die Zeitung schreibt: „Diesen leisen Tod rechnen ihm seine Freunde hoch an. Einer sagt: ‚Ich habe damit gerechnet, dass er frontal mit dem Auto jemanden rammt.‘ “

Hier spricht Ihr Flugkapitän

Ein Ex-Verfassungsschützer bastelt sich seine eigene Realität, versucht abzuheben und schafft gerade noch eine Bruchlandung.

Herr L. – Axel Karl Walter L. – ist ein Mann, dessen Selbstbewusstsein durch nichts zu erschüttern ist. Streitbare Jobs hat er gehabt in der Vergangenheit, er stand in Diensten des Verfassungsschutzes, böse Zungen behaupten, auch der Stasi. Die Berliner NPD will ihn als „Maulwurf" in ihren Reihen entdeckt haben, doch seine politische Karriere endete mit einem sehr kurzen Auftritt als Sprecher der Hauptstadt-Liberalen. Seitdem lebt L. als Privatier im Brandenburger Land, nennt sich „selbstständiger Kaufmann" und vertreibt DVDs, die vor allem böse Machenschaften der Wende-Gewinnler anprangern. Er hat ein Haus ganz nah am See, streitet mit seinen Nachbarn – oder die mit ihm, wenn man seiner Sichtweise folgt – und wird gelegentlich von Sondereinsatzkommandos aus dem Bett gerissen, weil die unerlaubte Waffen bei ihm vermuten und dann schon mal die eine oder andere Razzia für nötig halten. Ansonsten ist alles friedlich.

Ach nein, es gibt da noch diese Klage. Angezettelt, so argumentiert L., von einem Flugplatz und einem Luftsicherheitsinspektor, der ihm nicht nachsehen will, dass er vielleicht ein bisschen freizügig mit der Auslegung fliegerischer Grundsätze umging. Aber ihn deswegen vor Gericht zerren? Das ist doch nun wahrlich ungerecht!!! Axel L. schimpft und grummelt vernehmlich vor sich hin. „Als die Polizei nach meinem Unfall aufs Rollfeld kam, fand sie es nicht nötig, Anzeige zu erstatten. Da wundert man sich schon, wieso jetzt ein Gericht eingreift ..." Herr L. mimt das unschuldige Opfer. Immerhin hat er „Unfall" gesagt. Immerhin räumt er ein, dass etwas schiefging. Aber was soll daran strafbar sein?

Der Vorfall, der vor dem Landgericht Potsdam in zweiter Instanz, als Berufungssache, verhandelt wird, liegt anderthalb Jahre zurück. Es war ein freundlicher Herbsttag, an dem Axel L. – Flugkapitän Axel L., wie er sich sah, und laut Visitenkarte Eigner der „Brandenburg Airline" – zu einem Trip Richtung Norden aufbrechen wollte.

Davon erzählt vor Gericht der Zeuge Rüdiger V.: „Herr L. nahm bei mir Segelunterricht, er wollte seinen Hochseeschein machen, er prahlte ein bisschen damit, dass er auch fliegen könne, sogar eigene Flugzeuge besäße, und wie schön es über den Wolken sei. Da war ich natürlich neugierig. Mit einem kleinen Sportflugzeug fliegen, das würde ich auch gern mal. Kannst du mich nicht mitnehmen?, fragte ich ihn, und er nickte freundlich. Ein paar Tage später rief er an und lud mich ein, ihn auf einem Flug nach Hamburg zu begleiten, zur Bootsmesse. Er hätte dort ohnehin zu tun. Und ich willigte freudig ein."

Am nächsten Tag erschien der Zeuge V. mit seinem Sohn Ralf wie verabredet auf dem Verkehrslandeplatz Schönhagen. Dort stand schon die Maschine des vermeintlichen Flugkapitäns bereit, eine DC 20, schlank und schön, fast zweihunderttausend Euro wert. Vater und Sohn stiegen frohgemut zu Axel L. ins Cockpit, wunderten sich ein wenig, dass der, um die Maschine rollfertig zu machen, erst in Handbüchern kramte und beim Abhaken der Checkliste nicht auf Anhieb die richtigen Hebel traf, aber so, wie sie Axel L. kannten, wollte er es wohl besonders spannend machen. Bitte, wenn er Spaß daran hätte. Schmuck sah er aus, der Pilot, in seiner dunklen Hose, dem strahlend weißen Hemd mit den vier goldenen Streifen auf jeder Schulter. Schnell noch auftanken, dann ging es los!

Mit kräftigem Gebrüll heulte der Motor auf, der Propeller rotierte, das Flugzeug rollte los, es raste – aber es raste zur Seite, im Kreis, dorthin, wo vor ihnen ein anderer schlanker, schöner Sportflieger stand. Sie krachten mitten in ihn hinein.

Schlotternd kletterten die beiden Fluggäste und ihr Pilot Axel L. aus den Trümmern ihrer Maschine. „Wir hatten so viel Glück im Unglück", sagt Vater V. „Wir konnten es gar nicht fassen, als wir nach dem Crash erfuhren, dass Herr L. nie und nimmer mit uns hätte fliegen dürfen. Dass er noch lange nicht ausgelernt hatte, überhaupt keine Lizenz besaß, nicht einmal eine Erlaubnis seines Fluglehrers!"

Axel L. plustert sich auf, unterbricht die Schilderung des Zeugen, kann seinen Zorn nicht unterdrücken: „So ein Blödsinn. Mit keiner Silbe sagte ich, dass wir fliegen. V. wollte sich nur die Maschine anschauen. Und da sie nun mal mit leerem Tank dastand, wollte ich nur ein Stück rollen. Das ist gang und gäbe auf dem Flugfeld, dazu braucht man keine Erlaubnis." Der verantwortliche Flugleiter jenes Tages widerspricht dieser Darstellung aufs Schärfste. Klare Regeln gelten natürlich auch in Schönhagen, L. sei eigenmächtig unterwegs gewesen, ohne Erlaubnis seines Ausbilders und ohne Kontakt mit dem Tower. Aber L. will das nicht hören. „Alles Lügengeschichten!" Er hat sogar auf einen Verteidiger verzichtet, um hier selbst für seine Rechte einzutreten. „Für den Unfall konnte ich gar nichts. Man hatte mir Schrott verkauft, die Bremsen waren defekt. Aber glauben Sie, mich hätte von diesen Flugleuten jemand gewarnt?"

Der hagere Mann mit dem zornigen Blick sieht sich noch heute als Opfer einer Intrige. Längst schon hätte er eine Lizenz besitzen müssen, nach über hundertfünfzig Starts und Landungen an der Seite seines Ausbilders. „Geldschneiderei, die wollten mich ausnehmen", glaubt L., er sollte zahlen und zahlen. Nur deshalb besaß er den Schein noch nicht. „Aber ich hatte die vier goldenen Streifen!" Triumphierend schieb L. ein Paar Achselstücke als Beweismittel ins Blickfeld der Richterin. „Und", fragt sie spitzt, „sieht so eine Fluglizenz aus? Gibt es da nicht vielleicht ein Stück Papier? Eine Urkunde? Können Sie die vorlegen?"

Axel L. muss passen. Er hatte an jenem Novembertag schlicht gar nichts – außer einem überbordenen Selbstvertrauen oder einem getrübten Blick auf die Realität. Der Senior nahm Flugunterricht, durchaus. Er war auch schon im Beisein seines Lehrers geflogen, das stimmt. Doch der hatte dabei offenbar noch so viele Lücken im Wissen und in den Fähigkeiten seines Schülers entdeckt, dass er L. nicht für in der Lage hielt, zu seinem ersten Alleinflug zu starten. Ein zweiter Fluglehrer teilte diese Ansicht, und so stand der Möchtegern-Kapitän ohne jegliche Genehmigung da. Von seinen Plänen, endlich zu fliegen, hielt ihn das nicht ab.

„Sie hätten tot sein können, alle drei", unterbricht die Richterin den Angeklagten Axel L., als der wieder mal ansetzt zu erklären, dass hier alles nur aufgebauscht werde, dass alles gar nicht stimme, dass er Zeugen habe, die wüssten, wie gut er fliege, dass letztlich eine große Verschwörung gegen ihn im Gange sei. Deshalb auch hat er ein erstes Urteil nicht akzeptiert, das Anfang des Jahres das zuständige Gericht in Luckenwalde gegen ihn aussprach: eine Geldstrafe von 75 Tagessätzen á 90 Euro wegen Verstoßes gegen das Luftverkehrsgesetz. „Nie im Leben ist das gerecht", beharrt Axel L. auf seiner Berufung. „Nichts war unerlaubt! Und den Schaden hatte am Ende nur ich: zwei verbeulte Maschinen."

Reichlich Spott musste sich der Herr mit der schillernden Vergangenheit anhören, seit seine Bruchlandung, die zum Glück eigentlich nur ein Bruchstart war, publik wurde. Einen „Hochstapler der Lüfte" oder den „fliegenden Hauptmann von Köpenick" nannten ihn die Zeitungen. Ein Gutachten bestätigt, dass er nicht einmal in der Lage war, die Handbremse zu lösen. Im Gerichtsaal raunt ein Zuhörer: „Der Mann ist doch wohl eher ein Fall für die Psychiatrie." Und auch die straff verhandelnde Richterin lässt keinen Zweifel daran, dass der ältere Herr, der hier vor ihr sitzt, alles falsch gemacht hat, was er falsch machen konnte. Dass er mit dem Feuer spielte und Menschen gefährdete. Rücksichtslos, eigenmächtig, überheblich.

Aber es gibt das juristische Verbot der Schlechterstellung: Hat ein Verurteilter Berufung eingelegt und wird sein Fall neu verhandelt, so darf die Strafe am Ende nicht höher ausfallen als vorher. Das ist nett gedacht – im Sinne des Angeklagten. Axel L. ging also kein Risiko ein, als er sein erstes Urteil anfocht. Wenigstens konnte er all sein Leid nun noch einmal loswerden.

Die Potsdamer Kammer verwirft die Berufung. „Herr L., Sie haben sich ein starkes Stück erlaubt", insistiert die Richterin. „Und ohne das Verschlechterungsverbot wäre unser Urteil gewiss härter ausgefallen. Wenn wir uns vorstellen, Sie wären zum Fliegen gekommen ...!"

L. winkt ab. Er hat sich noch nicht entschieden, ob er die Sache nun auf sich beruhen lässt. Dass ihm keiner glaubt, schmerzt ihn. Mehr jedenfalls als die Gerichtskosten, die er erneut übernehmen muss. Denn was sind schon ein paar Hunderter, wenn man in die Lüfte steigen möchte, wenn man um Fluggäste buhlt, eine stolze Uniform besitzt und drei eigene Flugzeuge? Nach dem Crash hat sich Axel L. nämlich auch den Motorsegler gekauft, in den er rollte, und eine halbe Million mag in seinen Spielzeugen schon stecken. Was kann einen da abhalten vom Fliegen? „Guten Tag, meine Damen und Herren", meldete sich mitten in der Verhandlung die Handy-Mailbox, „hier spricht Ihr Flugkapitän ..."

Lecker Würstchen!

Weil er glaubt, Hunde hätten sein Leben zerstört, wirft ein Rentner Giftköder in Nachbars Garten.

„Der Hund", so schrieb einst Kurt Tucholsky, „ist ein anachronistisches Wesen. Er lebt ständig im Dreißigjährigen Krieg. In jedem Briefträger wittert er den fahrenden Landsknecht, im Milchmann die schwedische Vorhut, im Freund, der uns besucht, den Gottseibeiuns." Und er bellt. Er bellt immer. Er bellt, wenn jemand kommt, und er bellt, wenn jemand geht – er bellt zwischendurch, „und wenn er keinen Anlass hat, erbellt er sich einen."

Nein, sagt Herbert K., er kenne diese Zeilen nicht, aber jetzt, wo der der Richter sie vortrage, sprächen sie ihm schon aus dem Herzen. „Genauso ist das in unserer Siedlung. Jeder Hund glaubt, den vom Nachbarn übertönen zu müssen, und wehe, ein Fußgänger geht vorbei. Dann tobt die ganze Meute. Und nachts winseln sie den Mond an." Ein wenig versöhnlicher setzt er immerhin hinzu: „Es sind eben Tiere. Die begreifen das nicht."

Diese Einsicht des Rentners Werner K. ist offenbar neu. Denn erst jetzt, wo er wirklich vor Gericht steht, jetzt, wo er angeklagt ist, vergiftete Fleischklößchen auf den Feldwegen seines Berliner Vorortes ausgelegt und zerkleinerte Bockwürste, die er zuvor mit Strychnin präparierte, in der Einfahrt des benachbarten Grundstückes platziert zu haben, scheint er zu begreifen, dass es ernst ist. Der zuvor ergangene Strafbefehl des Gerichts, er solle wegen „Sachbeschädigung" in Tateinheit mit einem „Verstoß gegen das Tierschutzgesetz" 900 Euro zahlen, hatte ihn im Herbst letzten Jahres noch empört. „Was habe ich mit dem Tod von Nachbars Hund zu tun?", widersprach er der Zahlungsaufforderung und glaubte sich im Recht. An Gift sollte der verrückte schwarze Mischling gestorben sein, der ihm schon lange den Nerv raubte. „Wer weiß, was der so alles gefressen hat, da an den Mülltonnen", merkte Werner K. in seinem Antwortschreiben noch an. Er jedenfalls hätte damit nichts zu tun. Und auch von den vergifteten Fleischbrocken, die seit Monaten die Hundebesitzer in der Randgemeinde Frohnau verunsicherten, wisse er nichts. Gehäuft waren

Fälle aufgetreten, in denen sich Tiere nach einem Spaziergang im Freien erbrachen, aus Mund und Nase bluteten und sich in Krämpfen wanden. „Alles Verleumdung", trumpfte Werner K. auf und dachte, die Angelegenheit sei damit erledigt. Doch es kommt zur mündlichen Verhandlung.

„Herr K., Sie haben die Wahl", klärt ihn der vollbärtige, hanseatisch klingende Richter über das Prozedere auf: „Sie können die Tat hier weiter bestreiten, dann schauen wir uns die Fotos an, die Ihr Nachbar aufgenommen hat, wenige Tage, bevor sein Hund starb, und die im Hintergrund zeigen, wie Sie auf seinem Grundstück sind und sich den Platz um die Mülltonnen besehen. Was machen Sie da? Und wir laden den kindlichen Zeugen Jonas, der erzählen wird, dass er an jenem 3. April, als er vorzeitig aus der Schule nach Hause kam, von Weitem sah, wie Sie am Gartenzaun standen. Der Mischlingshund Perry bellte, er sprang hoch, Sie redeten auf ihn ein, hatten, so glaubt der Junge, einen Stock in der Hand. Vielleicht versuchten Sie ja, etwas in den Garten zu schubsen?"

Werner K. stutzt. Ist er an jenem Tag wirklich beobachtet worden? Davon war bei dem Polizeigespräch nicht die Rede gewesen, als nur der Verdacht im Raum stand, er könne den Nachbarshund Perry wegen seines Gebells mit Rattengift getötet haben. Nachdem das Tier am späten Nachmittag heftig Blut gebrochen hatte, zuckend in den Armen des Jungen lag und auch der Tierarzt nicht mehr helfen konnte, suchte die Familie den Garten ab und fand in der Nähe der Mülltonnen zwei Stückchen Bockwurst, die aufgeschnitten waren und heftig rochen. Und in denen der Tierarzt im Labor Einmischungen von Strychnin aus Rattengift feststellen konnte.

Die Polizei hatte nach dem Vorfall andere Anwohner der Siedlung nach ihren Beobachtungen gefragt und immer wieder gehört, dass Werner K., der ehemalige Schuldirektor, der seit dem Tod seiner Frau alleine in dem viel zu großen Haus lebe, sich abkapsele, Rad fahrende Kinder beschimpfe und völlig vergrämt sei, dass dieser Werner K. – seit drei Jahre zuvor seine über alles geliebte Katze Lucie von einem Bullterrier auf offener Straße angefallen und zerfleischt worden sei – seinen Hundehass nie verhehlt habe.

Der Richter liest aus den Polizeiprotokollen, weil sich der junge Beamte, der damals die Gespräche führte, nicht mehr genau an den Wortlaut erinnern kann. Da sagte eine Manja T. aus, dass sie selbst auch eher Katzen als Hunde möge. Als ihr kleiner Kater mal ausgerissen war und bei Werner K. nett aufgenommen und gefüttert wurde, hatte sie sich mit einem Stück Kuchen bei K. bedankt. „Da erzählte er mir, wie sehr er noch immer leide, dass seine Katzendame tot sei, und er nannte den Hund ‚Bestie', der das getan hatte. Er steckte noch so voller Wut und Verzweiflung, dass er sagte, man müsse diese ‚Kreaturen' alle ausrotten." Da hätte sie es mit der Angst bekommen.

Andere Zeugen sagen, dass sie Werner K. oft draußen an den Wiesen gesehen hätten, bei langen Spaziergängen. „Mit uns Nachbarn unterhielt er sich ja nicht, es sei denn, er zeterte im Vorübergehen: ‚Bringen Sie endlich Ihre Töle zur Ruhe!' Als das hier losging mit den Vergiftungsfällen, dachten wir insgeheim schon, das kann nur der K. sein."

Vermutungen, Indizien, Beobachtungen – würde Werner K. weiterhin alles rigoros abstreiten, wäre eine Verurteilung wohl schwierig. Der Richter weiß das. Er möchte ein Geständnis, er möchte auch, dass Werner K. so etwas wie Seelenfrieden findet. Das letzte Jahr muss ihm zugesetzt haben. Womöglich hat er ja auch deshalb zu Beginn der Verhandlung nicht wiederholt, dass alles nur böse Gerüchte seien. Er erklärte nur: „Ich möchte dazu nichts sagen. Ich möchte meine Ruhe." Was heißt das? Dass er gesteht? Dass er Schuld fühlt? Dass es ihm leidtut?

Der Richter hakt nach. „Herr K., wenn Sie es waren, der den Hund der Familie S. zum Schweigen bringen wollte, so haben Sie viel Traurigkeit verursacht. Jonas hat das Tier geliebt, es war sein Spielgefährte, sein Freund. Er muss sich so gefühlt haben wie Sie damals, als Ihre Katze starb – auch durch fremde Schuld. Sie könnten etwas tun, damit wieder Friede einzieht in die Nachbarschaft. Wollen Sie das?"

Werner K. braucht eine Pause. „Ich weiß nicht." Er hat keinen Anwalt dabei, mit dem er sich beraten könnte, er stiert vor sich hin. Er steckt seinen Kopf zwischen die Arme, schaut nicht auf. Irgendwann spricht er doch. „Seit ich zusehen musste, wie dieses

Untier von Hund meine Lucie tot biss, hasse ich Hunde. Alle. Ihren Krach, ihr Gebell, ihre Aggressivität. Und der kleine Kläffer von nebenan hat das wohl geahnt. Sowie er mich sah, sprang er am Zaun hoch und zerriss sich förmlich. Irgendwann konnte ich das einfach nicht mehr hören." K. sagt, er habe nicht darüber nachgedacht, was er dem Jungen antue. „Der konnte ja nichts dafür. Deshalb tut es mir auch leid."

Mit den anderen Vergiftungsfällen, draußen am Feld, habe er nichts zu tun. Aber als er davon hörte, sei ihm die Idee mit den Würstchen gekommen. „Probehalber hab ich mal eins hinüber geworfen. Der Hund stürzte sich drauf und verschlang es. Dann kläffte er weiter, als wäre nichts geschehen."

„Wussten Sie, wie qualvoll ein Tier an Rattengift zugrunde geht", fragt der Richter, „wie es innerlich verblutet?" Der 78-Jährige nickt. „Als ich mitbekam, dass nebenan kein Gebell mehr zu hören war, und als ich wieder ruhig hätte schlafen können, da habe ich davon geträumt. Da erging es meiner Lucie so, es war schrecklich."

Werner K. wird zu der schon angedrohten Strafe von 900 Euro verurteilt. Das Geld geht an ein Tierheim – „an eines mit Hunden und Katzen", betont der Richter.

Es grünt so grün

Cannabispflanzen anzubauen ist aufwändig – erst recht, wenn man mit der Ernte das große Geld machen will. Eine 62-Jährige hat es versucht.

Sie ist ein schönes, ein starkes, ein betörendes Gewächs: die ursprünglich in Zentralasien beheimatete gefiederte Hanfpflanze, lateinisch: Cannabis. Ma, wie die frühen Chinesen ihren Hanf nannten, lieferte ihnen nicht nur wohlschmeckende und nahrhafte Samen, sie wussten auch beizeiten die Stängel mit ihren unverwüstlichen Fasern zu schätzen. In einem lange vor unserer Zeitrechnung verfassten medizinischen Text wird beschrieben, wie Cannabis als Heilmittel gegen Malaria, Rheuma und viele andere Krankheiten eingesetzt werden kann. An dieser medizinischen Erkenntnis hat sich nichts geändert – nur hat sich das Rauschpotenzial des Gewächses derart in den Vordergrund gedrängt, dass in fast allen Ländern der Welt hohe Strafen stehen auf den Besitz der aus den getrockneten Blüten oder dem Harz der Cannabispflanze gewonnenen Drogen Marihuana oder Haschisch.

Marlene Liane B. weiß das natürlich. Sie ist heute zweiundsechzig Jahre alt und mit ihrer blonden Mähne eine ungezügelte Schöne. In den wilden 1960er Jahren war sie eine junge, weltoffene Frau, der weder ausgeflipptes Hippietum noch politische Protestmärsche fremd waren. Vielleicht hat der Joint ja in dieser Zeit seinen Schrecken für die Lady verloren.

Sie steht vor Gericht, weil sie in Berlin zwei Haschisch-Plantagen betrieb, in zwei von ihr angemieteten Einfamilienhäusern, die weniger zum Leben und Wohnen geeignet waren als vielmehr zur Hege und Pflege der schönen, aber verbotenen Pflanzen. Die Wohnzimmer blieben karg möbliert, hier stand ein Arbeitstisch, dort ein Sofa, in allen Kellerräumen aber waren aufwändige technische Anlagen installiert, die den heranwachsenden Pflanzen Wärme, Licht, Luft, Wasser und Nährstoffe gaben. Setzlinge brauchen ein anderes Klima als Jungpflanzen, Jungpflanzen ein anderes als die sogenannten „Mütter", die erntereifen Exemplare. Bei der Hanfaufzucht sind komplexe Kreisläufe zu beachten, in einer professionellen, gewinnorientierten Plantage bleibt nichts dem Zufall überlassen. Und um eine solche Anlage, genauer gesagt um zwei, handelte es sich nach Ansicht der Staatsanwaltschaft, die Anklage gegen Marlene B. erhob: wegen unerlaubten Handels mit Betäubungsmitteln in nicht geringer Menge.

Marlene B. – eine Drogen-Oma? Gegen diesen Vorwurf wehrt sich die 62-Jährige vehement. Jedoch nicht selbst, sie schweigt während des ganzen Prozesses. Sie verbirgt sich hinter einer Zeitung, solange Kameras im Saal sind, und lässt ihr Gesicht auch sonst gern ins Taschentuch versinken. Zu peinlich, zu unangenehm ist ihr der Auftritt hier vor der Strafkammer, sozusagen „unter Kollegen", denn fünfundzwanzig Jahre lang arbeitete Marlene B. als Justizangestellte, auch am Landgericht in Moabit. Sie kennt die Regeln und Gepflogenheiten, sie möchte nichts sagen – aber sie lässt ihren Anwalt eine Art Geständnis verlesen: Sie gibt zu, sich als Gärtnerin betätigt, die Pflanzen gegossen, nach dem Rechten gesehen zu haben. Sie tat es, weil derjenige, dem die Plantage gehört, ihr sehr, sehr nahe steht und weil er sie darum bat. Wer der große Unbekannte ist, für den sie dieses Risiko auf sich nahm, sagt ihr Anwalt nicht. Und Marlene B. sagt es auch nicht.

Unzweifelhaft aber ist, dass sie mehr tat, als nur Blumen zu gießen. Beide Hausverträge laufen auf ihren Namen, sie zahlte die Miete, sie zahlte Wasser und Strom. Und das nicht zu knapp – trotz fachmännisch manipulierter Zähler. „Eine solche Aufzuchtanlage benötigt professionelles Knowhow", beschreibt ein Ermittler des Landeskriminalamtes, der als Zeuge gehört wird. „Und gute technische Kenntnisse, nicht nur das Wissen um die richtigen Wachstumsbedingungen, sondern zum Beispiel auch Erfahrung beim Umgang mit Starkstrom. Zumindest den Aufbau der Plantagen kann Frau B. unmöglich allein bewerkstelligt haben." Er zweifelt auch daran, dass die einstige Justizangestellte versiert genug war, aus den cannaboiden, THC-haltigen Pflanzenteilen gebrauchsfertige Drogen herzustellen und sie als Dealerin zu verticken. Aber dass sie am Verkauf der Rauschmittel sehr gut verdient hat, scheint erwiesen. Als Marlene B. nach ihrer Verhaftung durchsucht wurde und ihre schicken Pumps ausziehen musste, kam ein silbrig glänzender Schlüssel zum Vorschein.

Er gehörte zu einem Bankschließfach, das auf Frau B.s Namen lief und in dem die Ermittler 437.000 Euro in bar fanden, verteilt auf 64 Umschläge. „Dieses Geld", so erklärt der Verteidiger, habe seine Mandantin „nur verwahrt", es sei nicht ihr Anteil, nicht ihr Gewinn. „Das Geld gehört einer anderen Person."

Da ist er wieder, der Unbekannte. Für wen schweigt Marlene B.? Für sich? Für ihren ehemaligen Lebensgefährten, der einige Jahre zuvor selbst wegen Betreibens einer illegalen Hanfplantage verurteilt wurde und heute angeblich auf einer fernen Bohrinsel arbeitet? Oder für ihren Sohn Michael? In den Polizeiakten taucht sein Name immer wieder auf. Eine Freundin erzählte von der sehr engen Beziehung Michaels zu seiner Mutter, von seinen sehr umtriebigen Geschäften. Beweise, die für eine Anklage gegen ihn reichen, hat die Staatsanwaltschaft nicht in der Hand, aber vorgeladen hätte sie ihn schon gern. Allein: Der Sohn verreiste letzten Herbst und kam bis heute nicht wieder. Er hat sich mit einem Freund in die Dominikanische Republik abgesetzt, sein Wohnort dort ist nicht feststellbar. Vielleicht wäre die Mutter ja irgendwann nachgekommen?

Seit Februar dieses Jahres sitzt Marlene B. in Untersuchungshaft. „Es waren wirklich schreckliche Monate", lässt sie ihren Anwalt ausrichten, „ich hoffe sehr auf ein mildes Urteil und offenen Vollzug." Sind drei Jahre und sechs Monate Haft ein mildes Urteil? Eher nicht. Aber die kriminelle Energie, die zum Betreiben zweier solcher Anlagen mit zusammen fast 1.500 Hanfpflanzen gehört, deren Verkauf über all die Jahre nach LKA-Schätzungen an die zwei Millionen Euro erbracht haben könnte, ist auch nicht ohne, findet der Richter. Marlene B. habe es in der Hand gehabt zu beweisen, dass sie nur eine Dienstleisterin gewesen sei. Dann aber hätte sie „Ross und Reiter", die eigentlichen Betreiber und Nutznießer der Plantagen, konkret benennen müssen. Dies hat sie nicht getan. Und vielleicht wäre das Geschäft mit dem Cannabis ja auch noch eine Weile weitergegangen.

Hätte, wäre, wenn: Ein Zufall ließ Marlene B. und ihre illegale Pflanzenzucht auffliegen. Das Lichtenrader Wohnviertel, in dem sich eines der beiden angemieteten Eigenheime befand, wurde letzten Winter Schauplatz einer Einbruchsserie. In etliche Nachbarhäuser waren Diebe eingedrungen, hatten Terrassentüren aufgehebelt oder Fensterriegel geöffnet, mal Schmuck, mal Handys, mal Unterhaltungselektronik gestohlen. Die Polizei fuhr nun öfter Streife. Und weil die schöne Hanfpflanze nicht nur gut aussieht, sondern auch sehr charakteristisch riecht, wurde einer der Beamten stutzig. Dieser schwere, süßliche Duft, der da in der Luft hing, irritierte ihn stark.

Wenig später war die Ursache gefunden: Aus einem der Einfamilienhäuser entwich trotz Abluft-Filteranlage und zusätzlicher Ventilatoren der kaum verwechselbare Geruch der blühenden Cannabispflanze. Die Polizisten versteckten sich in der Nähe des Gartens, weil niemand daheim war, und warteten auf die Bewohner. Eine knappe Stunde später fuhr ein Smart vor und Marlene B. betrat das Haus. Die Beamten klingelten. Frau B., die Gärtnerin, leistete keinen Widerstand. „Ich allein bin für all das verantwortlich", soll sie zuerst gesagt haben. Der große Unbekannte kam erst später. Aber er hat sie im Stich gelassen. Und so muss sie nun auch allein ins Gefängnis. Das sichergestellte Geld fließt in die Staatskasse.

Kind in Not

Zu Hause erlebt der 13-jährige Thomas Chaos und Verwahrlosung, im Kinderheim Ablehnung und Gewalt. Wo soll er hin?

„Ich wollte weg. Nur weg", sagt Thomas. Aber wohin sollte er? Der Junge, im letzten Herbst dreizehn Jahre, lebte schon seit sechs Jahren nicht mehr zu Hause bei seiner Mutter. Er und sein älterer Bruder Sebastian wurden „zum Schutz des Kindeswohls", wie es amtlich heißt, in die Obhut des Staates genommen, weil ein Gericht der Mutter das Sorgerecht entzogen hatte. Zu selten waren die Jungs in Kita oder Schule, Arztbesuche kannten sie fast gar nicht, sie lebten unter primitivsten Bedingungen in einer kleinen, verdreckten Zwei-Zimmer-Wohnung, die sie mit Dutzenden Haustieren und massenhaft Ungeziefer teilten. So jedenfalls beschreiben es die Akten der Jugendhilfe.

Simone L., die Mutter der beiden Jungen und einer erwachsenen Tochter, weiß, dass es mit ihrer Ordnung und ihren Fähigkeiten, sich um Kinder und Haushalt zu kümmern, nicht zum Besten steht. „Ja, das war manchmal dreckig, und mit Geld umgehen kann ich auch nicht." Aber sie findet, es sei wichtiger, dass sie ihre Kinder liebe, auch wenn sie nicht „so verdammt gut wie andere Mütter" für sie sorgen könne. „Da, in den Heimen, in denen sie waren, das war kein Zuhause, das war keine Familie, da wollten sie nicht bleiben, da gab es immer nur Ärger, und sie sind abgehauen. Thomas hat besonders darunter gelitten, dass er oft abgeschoben wurde, von einer Einrichtung in die andere. Keiner wollte ihn haben."

Simone L. hat ihre Söhne in den Kinderheimen gelegentlich besucht. Aber nicht regelmäßig. Das bekam sie nicht auf die Reihe. Wie so vieles andere auch nicht. Aber wenn die Jungs abhauten von den Orten, an denen sie nicht bleiben wollten, und bei ihr klingelten, dann ließ sie sie ein. Hier konnten sie tun und lassen, was sie wollten. Zur Schule mussten sie nicht. Sie konnten bis mittags schlafen, Musik hören, sich mit Kumpels treffen, rauchen, trinken. Es gab zwar keinen richtigen Herd in der Küche und weder Waschbecken noch Dusche oder gar Badewanne in der

Wohnung, dafür aber fünf Hunde, mehrere Katzen, Meerschweinchen und Kaninchen, die frei und nach Tierart durch die Räume streunten, alles bepinkelten und bekackten, was sie fanden. „Die Jungs mochten die Tiere, besonders Thomas", sagt Simone L. „Mit den Hunden ist er manchmal rausgegangen, spazieren."

Vor dem Berliner Amtsgericht, das gegen Simone L. wegen Verletzung der Fürsorge- und Erziehungspflicht verhandelt, geht es vor allem um diesen einen Vorfall in der Vorweihnachtszeit, als der 13-jährige Thomas wieder mal ausgebrochen war aus dem Heim, in das er eingewiesen war. Am 24. November stand er vor der Tür. „Ich geh da nicht wieder hin!", schluchzte er. Die Betreuer sagen, er wäre dort in der „Warteschleife" gewesen, er hätte zuvor in einem Projekt Selbstbewusstsein getankt und sollte nun wieder in eine Regelgruppe. Unklar war noch, in welche. „Er war unglücklich", beschreibt die Mutter Simone L. die Situation. „Es hat ihn zermürbt, dass er nirgends dazugehörte." Sie sagt, dass Thomas schon eine Menge mitgemacht hat, Gewalt unter den Jugendlichen hätte es gegeben, womöglich sogar sexuelle. Er fühlte sich allein, fasste kein Vertrauen zu den Betreuern. Dass er schwierig gewesen sei dort, ja, das könne sie sich vorstellen. „Thomas wusste einfach nicht, wie es weitergehen sollte. Bei mir standen ihm alle Türen offen. Ich war ja froh, dass ich ihn wieder ein Stück näher bei mir hatte."

Fast einen Monat lang hat Simone L. ihren Sohn regelrecht versteckt in der Wohnung. Sie hat nicht reagiert, wenn Leute vom Jugendamt bei ihr klingelten oder Briefe schrieben. „Die Ämter, die machen doch nur alles schlimmer. Die stellen sich zwischen uns", hadert Frau L. Sie lehnt ab, was sich in ihr Leben drängt. Lehrer, Versicherungsvertreter, Amtsmenschen, Polizisten, ja selbst Ärzte seien ihr allesamt unheimlich. „Ich habe noch keinen getroffen, dem ich hätte glauben können", sagt sie. Sie ist jetzt zweiundvierzig Jahre alt, ohne Beruf, ohne Arbeit, ohne Partner, ohne Interesse, ohne Halt, ohne Vertrauen. „Ich mach es mir selbst schwer, das weiß ich, aber ich bin so."

Der Richter, ein Mann um die vierzig, versucht sich die Lebensumstände von Frau L. vorzustellen. So, wie sie hier vor ihm sitzt, macht sie einen durchaus vernünftigen Eindruck. Sie ist sportlich und sauber gekleidet, sie spricht gewandt und ruhig, schimpft nicht rum, wird nicht unflätig, sie ist sogar einsichtig und sucht auch nach Schuld bei sich. „Oh mein Gott", flüstert sie, als er ihr Fotos vorlegt, die Polizisten in ihrer Wohnung gemacht haben. Und, noch leiser, „nein, das kann für ein Kind nicht gut sein". Trotzdem war sie froh, dass Thomas da war. Er hat ihr geholfen. „Wir haben im Bad gemalert, er hat was gekocht, Nudeln mit Tomaten, er war unterwegs mit den Hunden." Als die Polizei am 22. Dezember mit einem Schlüsseldienst kam und die Tür öffnete, da hatte sie keine Kraft mehr, sich zu wehren. „Wir waren beide in einer Art emotionaler Starre", schildert Simone L., „wir wussten ja, dass wir das nicht durften." Dass Thomas zurück musste. „In die Schule ging ihr Sohn in dieser Zeit wohl nicht?", fragt der Richter. „Wie sollte er?", entgegnet Frau L. „Ich habe ihm öfter nahegelegt zu üben, weil er stark zurück ist beim Schreiben und Schwierigkeiten hat, dem Schulalltag zu folgen. Aber er hatte einfach keinen Bock."

Der inzwischen 14-jährige Thomas ist ein zarter Knabe im hellgrauen Kapuzenpulli und ein wortkarger Zeuge im Verfahren gegen seine Mutter. „Ich wusste, dass Mama mich aufnehmen würde, deshalb wollte ich zu ihr." Sei es ihm gut gegangen dort? „Besser als im Heim." War die Wohnung verdreckt, voller Ungeziefer und Müll? „Ein bisschen durcheinander." Gab es Lebensmittel im Haus? „Wir haben gegessen." Wie lief der Tag so? „Ganz o.k."

Zwei Tage vor Heiligabend kam Thomas L. zurück ins Heim. Seitdem hat sich für ihn eine Menge verändert. Er hat wieder Kontakt zu seinem Vater, der vor Jahren nach Niedersachsen gezogen war. Thomas ist jetzt in seiner Nähe. In einer Jugendhilfeeinrichtung in Clausthal-Zellerfeld. Er besucht dort die Regelschule, hatte auf dem letzten Zeugnis nur noch in Englisch eine Fünf. Mit seiner Mutter telefoniert er. „Ich glaube, mir geht es jetzt ganz gut."

Das Gericht erkennt an, dass der Schaden, den Thomas in dem verwahrlosten, chaotischen Leben der Simone L. hätte nehmen können, gering blieb. Aber sie habe ihn trotzdem gefährdet, seelisch und körperlich. 90 Tagessätze à 15 Euro, also eine Summe von 1.350 Euro, sei eine angemessene Strafe, um ein Zeichen zu setzten. Simone L., die von Hartz IV lebt, kann den Betrag in Raten begleichen. „Ich nehm das so an, wie es ist", sagt sie nach dem Urteil. „Hoffentlich kommt mit Thomas alles wieder in Ordnung."

Der Weltretter

Berlin im Obama-Rausch – einen besseren Moment kann es für Andreas Sch. nicht geben, ein Zeichen zu setzen.

Juli 2008. Die Stadt steht Kopf, viele Tage lang. Sommer, Sonne, und dazu die Vorfreude auf ein besonderes Ereignis: Barack Obama, der charismatische, kluge und vielversprechende schwarze Präsidentschaftskandidat aus Amerika, hat die deutsche Hauptstadt auserkoren für seine Zukunftsrede. Für sein Versprechen, die Welt zu verändern. Frieden, Freiheit und Gerechtigkeit für alle, ein Erdball ohne Nuklearwaffen – diese Vision will der aufgehende Stern am politischen Himmel in seiner knapp 30-minütigen Rede an der Siegessäule entwickeln und für seine Ideen die Berliner und die „Bewohner des Planeten" gewinnen, an die er sich wendet. Der Platz in Blickweite des Brandenburger Tors ist sorgsam gewählt, und Millionen an den Bildschirmen weltweit werden Obamas Auftritt verfolgen. Yes we can! Wir schaffen es, dieses neue Leben!

Aber ganz so weit war es noch nicht an jenem Mittwoch. Das hatte Andreas Sch. einkalkuliert. Es war genau der Zeitpunkt, auf den er gewartet hatte:

Barack Obama war noch nicht angereist, das Rednerpodest stand bereit, die Tribünen befanden sich im Aufbau, die Straßen rings um die Siegessäule waren noch nicht hermetisch abgeriegelt. Es gab zwar Absperrungen, aber für das eine oder andere Lieferfahrzeug hielt man den Weg frei. Andreas Sch. hatte die Lage genau ausgekundschaftet. Stundenlang war er zu Fuß um die Siegessäule gelaufen – zusammen mit Hunderten von Touristen und Obama-Fans, die den Mantel der Geschichte vorab wehen spüren wollten. Internationale Kamerateams waren schon unterwegs. Morgen, am Obama-Tag, gäbe es hier kein Durchkommen mehr, das war auch Andreas Sch. klar. Und als er nun, von Erregung gepackt, endlich ganz sicher war, es wagen zu wollen, ging er zielstrebig zurück zu seinem abseits geparkten Auto, überprüfte alle Vorrichtungen, sprach sich Mut zu und drehte den Zündschlüssel. Yes I can! Ich schaffe es, ich habe die Kraft!

„Ich dachte, ich höre nicht recht", berichtet ein Zeuge, den das Berliner Landgericht zum Prozess gegen Andreas Sch. geladen hat, „als ich den Funkspruch eines Kollegen bekam, ein Auto sei unerlaubt Richtung Absperrung unterwegs. Da kam mir der schwarze Daihatsu auch schon zügig auf dem Radweg entgegen. Der hatte sich nicht verirrt, der Fahrer, nein, der wusste genau, was er tat. Ich musste zur Seite springen, um nicht umgefahren zu werden. Er stieß das Gitter um, es knallte, er gab Gas und ließ sich nicht abhalten, auf dem Platz Runde um Runde zu drehen. Rote Farbe floss aus dem Fahrzeug, immer mehr. Leute rannten herbei, um das Auto zu stoppen, mit Gerüststangen bewaffnet haben sie es dann geschafft. Die Aufregung war riesengroß. Irgendwer rief was von Bomben!"

Sondereinsatzkommandos eilten herbei, konnten aber nichts Gefährliches finden. Der Fahrer ließ sich friedlich abführen. Auf seinem Weg, so stand es tags darauf in den Zeitungen zu lesen, hätte der Mann den Fotografen und dem Sicherheitspersonal mehrmals Luftküsse zugeworfen.

Luftküsse würden gut zu Andreas Sch. passen. Denn er liebt sie alle, der 41-Jährige. „Ich bin ein Menschenfreund", ruft er in den Gerichtssaal, „ich will helfen!" Kerzengerade steht er da, der rundliche Mann im quergestreiften Leinenhemd, und es fehlt nicht viel, dass er die Faust empor streckt. Denn Andreas Sch. ist ein Kämpfer, ein Robin Hood, ein Rächer der Enterbten, der Armen und Verfemten, der modernen Arbeitssklaven, der Menschen, die unschuldig in die Psychiatrie kommen, der Gefangenen, die kein Recht mehr auf Menschenwürde haben. Ach, die Liste ist lang. Und Andreas Sch. möchte so viel tun, das versichert er dem Gericht immer wieder. „Ja, ich bin auf den Großen Stern gefahren. Und ja: Ich habe die Gitter durchbrochen, ich habe Farbe versprüht, rote Farbe, ich habe Kreise gezogen rund um den Platz. Diese Kreise sind ein Zeichen für Gerechtigkeit. Und das Rot steht für Blut! Denn bis aufs Blut werden Menschen drangsaliert in dieser Gesellschaft, das habe ich selbst erlebt. Ich habe mich darüber beschwert – bei Ämtern, bei der Presse, bei der Regierung, aber keiner wollte es hören, niemand hat seine Verantwortung wahrgenommen. Also tat ich es."

Andreas Sch. ist ein aufrechter Mann. Und ein kranker, glaubt der Gutachter. Mitten im Leben, zeitnah zu Trennung und Jobverlust und einer Hepatitis-C-Infektion im OP-Saal, nahm eine psychische Störung von ihm Besitz, sagt der Sachverständige, der über Sch.s Zurechnungsfähigkeit zur Tatzeit sprechen soll. Seiner Ansicht nach handelt es sich um eine bipolare Störung, mit zwei Phasen – einer meist langen depressiven und einer etwas kürzeren manischen. Nach Minderwertigkeitsgefühlen, Leere und Suizidabsichten käme es in der nachfolgenden Periode zu wahren Höhenflügen, Selbstüberschätzungen, zu Aktionismus und überbordender Gedankenfülle. Manch einer, so erzählt er einen Fall aus seiner Praxis, führe dann mit dem Taxi von Berlin nach Bern, verhandle dort geschickt mit Immobilienmaklern und Notaren, kaufe in der Schweiz eine perfekt ausgesuchte, sündteure Eigentumswohnung – und kehre schließlich im Katzenjammer zurück, weil er ja kaum mehr als einen Euro in der Tasche hat. „Bei Herrn Sch. dauert die manische Phase noch an", erklärt der Gutachter, „ich kann nicht vorhersagen, wann die Stimmung wechselt. Und wie lange dann die nächste manische Episode dauern wird. Zu welchen Taten er dann wieder fähig ist, wenn seine fixe Idee ihn lenkt und leitet."

Für das Gericht heißt das: Mag sein, Andreas Sch. war am 23. Juli 2008 nicht in der Lage, sein Tun wirklich einzuschätzen und zu steuern, weil die Manie ihn beherrschte. Aber solange die Krankheit nicht behandelt wird, bleibt er unberechenbar und gefährlich. Fazit: Andreas Sch. müsste für seinen aufmerksamkeitsheischenden Obama-Auftritt freigesprochen, gleichzeitig aber zum Schutz anderer in die geschlossene Psychiatrie eingewiesen werden. Paragraf 63 StGB. Und der bedeutet manchmal nichts anderes als „lebenslang".

Einmal 63 immer 63, lautet ein geflügeltes Juristenwort. Denn wenn das Gericht wirklich an eine reale Gefahr glaubt, die von Andreas Sch. weiterhin ausgeht, dann kann über ein „normales" Leben, jenseits der Psychiatrie, erst dann wieder befunden werden, wenn die Ärzte einen grundlegenden Behandlungserfolg sehen. Aber Andreas Sch. lässt sich nicht behandeln. Er versteht sich nicht als krank. Mögen die äußeren Anzeichen für eine Störung sprechen – er selbst beurteilt sich komplett anders. „Vielleicht ist es ja verrückt, wenn ein Einzelner sich aufmacht, ein Zeichen zu setzen", räumt er ein, nachdem er zwanzig Minuten lang mitanhören musste, wie der Psychiater ihn als tickende Zeitbombe beschreibt. Ungeduldig wirft er Fragen ein, beschuldigt den Mediziner, vorschnell zu sein mit seiner Prognose. „Wie wollen Sie denn nach einem einzigen Gespräch wissen, wer ich bin, wie ich lebe, was ich tun werde in Zukunft? Es war schon immer so, dass Menschen, die die Wahrheit sagen, mundtot gemacht werden und weggesperrt. Wenn Sie erlebt hätten, was ich erleben musste, dann würden Sie die Welt gewiss auch anders sehen!"

Immer schneller wird sein Redefluss, immer eifriger die Gestik. Zum dritten oder vierten Mal erzählt er von jener Zeit, die ihm „die Augen öffnete". Gemeint sind die Jahre nach 2005. „Ich bin Legastheniker und konnte als Kind nur auf die Sonderschule, das war damals nicht anders. Aber dann habe ich Berufe gelernt und gearbeitet, und ich habe auch gutes Geld verdient damit. Zuletzt als Fensterbauer." Sch. stockt, will noch einmal über die Schlechtigkeit der Welt referieren, doch der Richter stoppt ihn und mahnt zu Fakten. „Was passierte dann?", will er wissen. „Dann ging die Fensterfirma pleite, ich verlor meine Familie, aber darüber will ich nicht sprechen, das Herz brach, es kam die Hepatitis, und ich lernte viel Leid kennen, nicht nur eigenes, und als ich wieder arbeiten wollte, gab es nur Hilfsstellen. Am schlimmsten war der Drei-Euro-Job in Aschaffenburg, bei einer Zeitarbeitsfirma in der Altstoffentsorgung. Wie moderne Sklaven werden die Arbeiter dort gehalten. Unvorstellbar. Eines Menschen nicht würdig, und niemand kümmert sich darum. Nur ich habe es gesehen. Aber auf mich hört keiner!" Voller Abscheu beschreibt er, wie die Menschen, die dort für „ein Geld, das zum Leben nicht reicht", ihre Gesundheit aufs Spiel setzen, Säcke voller Fäkalien, gebrauchter Spritzen und Sonderabfälle ohne Mundschutz und Handschuhe transportieren müssen im Akkord, nur um ihre Familien notdürftig ernähren zu können.

So sieht es Andreas Sch. Er spricht vom Blutzoll, den die Menschen leisten müssen für raffgierige Unternehmer und eine verkommene Gesellschaft. All das habe er auch in seinen Briefen und Beschwerden geschrieben. Ohne Reaktion. „Was sollte ich denn noch machen", wehklagt der 41-Jährige, „wenn ich dieses Unrecht sehe und so vieles mehr? Da muss ich doch handeln!" Also fasste er den Plan mit der Siegessäule, brach am Morgen des 23. Juli aus seinem kleinen Dorf in Nordrhein-Westfalen auf, pumpte sich von seiner Mutter hundert Euro fürs Tanken, machte sich auf zu Obama und füllte sein kleines schwarzes Auto mit roter Farbe.

„Ich habe extra darauf geachtet, dass die Farbe wasserlöslich ist", erklärt Sch., „die Spuren sollten ja wieder weggehen." – „Hatten Sie keine Angst?", fragt der Richter, „Sie hätten doch wissen müssen, dass Berlin voller Polizei ist." – „Doch, ich hatte Angst, natürlich", gesteht Andreas Sch., „aber einer muss doch ein Opfer bringen. Einer, der das Unrecht sieht. Ich nahm die Bibel, ich bin ein gläubiger Mensch."

Auch Barack Obama, damals noch Kandidat, ist ein gläubiger Mensch. Auch er sagt, dass man gegen Leid und Ungerechtigkeit in der Welt vorgehen muss. Das, glaubt Andreas Sch., verbindet sie beide. „Deshalb habe ich mir auch diesen Tag ausgesucht für meinen Protest. Ausgerechnet diesen Tag! Die Welt würde auf Berlin schauen und das Problem sehen. Ich brauche keinen Applaus, ich habe es nicht für mich gemacht, sondern für die anderen."

Keine zwei Stunden nach Sch.s Verteidigungsrede fällt das Landgericht Berlin sein Urteil: Freispruch und Einweisung in die Psychiatrie. Paragraf 63. Erhebliches Gefahrenpotential sieht der Richter; eine Schande sei es, ihn zum Irren zu erklären, sagt der Angeklagte. „Herr Obama – ich schätze ihn sehr – hätte mir bestimmt die Hand geschüttelt, wenn er gewusst hätte, warum ich es tat. Aber darüber haben ja alle geschwiegen."

Der verschwundene Finger

Ein Brandenburger Zahnarzt verliert einen Finger. Aus der Geschichte vom Überfall wird die These vom Versicherungsbetrug.

Der Sachverständige ist in seinem Element. Er erzählt, wie er in seinem Versuchslabor stand und aus einer Kanüle geduldig Blut auf den Boden tropfen ließ, manchmal etwas langsamer, dann wieder schneller, manchmal im Winkel von x, dann wieder im Winkel von y Grad. Wie sich daraus eine kleine Lache bildete, wie die neu hinabstürzenden Tröpfchen sich darin verteilten, wie sie abperlten, wegspritzten, und welch aufschlussreiches Muster sich aus all dem ergab. Immer wieder hat der Experte an seinem Versuchsaufbau herumgetüftelt. „Schade nur, dass ich keinen echten abgeschnittenen Finger hatte", bedauert der Mann, denn dann wäre das alles noch wirklichkeitsnäher gewesen, und er hätte vielleicht noch plastischer davon berichten können. Oder hätte sich mit einem echten Finger womöglich ein anderes Bild ergeben? Eines, das den Angeklagten entlastet?

Der Angeklagte, Marcus B., ein Mittvierziger, rotblondes Wuschelhaar, jungenhaftes Gesicht, ist Zahnarzt. Die Staatsanwaltschaft wirft ihm vor, eine bizarre Gruselstory erfunden zu haben, um an eine hohe Versicherungssumme zu kommen. B. hätte in Schwierigkeiten gesteckt, und für 850.000 Euro sei er bereit gewesen, seine Gesundheit zu opfern und die Versicherung zu betrügen. Nicht die beiden südländisch aussehenden Räuber mit den schlechten Gebissen, die der Zahnarzt nach dem angeblichen Überfall beschrieb und fürs Phantombild zeichnen ließ, sondern er selbst hätte sich den linken Zeigefinger abgeschnitten. Sehr geplant, sehr vorausschauend, vorsichtshalber gut betäubt. Die Räubergeschichte hingegen sei ein Märchen. Von wegen, die Täter hätten Geld und Gold in seiner Praxis gesucht und, um ihrer Forderung Nachdruck zu verleihen, zur Gartenschere gegriffen!

B. selbst besaß die nötigen Mittel und Geräte, sich zu verstümmeln, und er hat sie genutzt. Davon ist die taffe Staatsanwältin mit der dunklen Hornbrille überzeugt. In diese Richtung ermittelte auch die Polizei schon wenige Stunden nach dem Notruf des Arztes, als sich in der Praxis außer einer Blutpfütze auf der Fußmatte keine Spuren eines Überfalls fanden. Sogar der Finger blieb verschwunden, obwohl die Beamten im Klo, im Abfall und mit Hunden auf der Straße suchten. Das Einzige, was sie entdeckten, war der noch ungeöffnete Umschlag der Versicherung mit einer frisch abgeschlossenen Police. Das Wort Betrug machte damals schnell die Runde.

Marcus B. bestreitet diesen Vorwurf vehement. Aber wie kann er das Gegenteil beweisen? Er praktiziert in einer Brandenburger Kleinstadt nahe der berühmten Spargelgegend Beelitz. Seine Praxis läuft gut, es gibt nur einen Mitkonkurrenten im Ort, er hat Kredite aufgenommen, als er seine Behandlungsräume einrichtete und die nötige Technik anschaffte, aber das ist üblich. Marcus B. sagt, er habe die Raten immer bezahlt. Er beschäftigt auch Angestellte, blieb nie Lohn schuldig, er wohnt mit seiner Familie standesgemäß, und seine Frau liebt den Pferdesport. Sie betreibt einen Reiterhof. Das Hobby haben beide gemeinsam.

Die Pferde, beteuert B., seien der Grund gewesen, warum er sich nach längerem Überlegen entschloss, eine Unfall- und Invaliditätsversicherung abzuschließen. Wie schnell kann beim Reiten etwas passieren, und wenn er als Zahnarzt dann verletzt und dauerhaft gehandicapt seinen Beruf nicht mehr würde ausüben können, wären die Existenz und die Familie in Gefahr. So, sagt Marcus B., habe er gedacht, als er den Versicherungsmakler kontaktierte. Der Vertrag ergab sich dann wie von selbst. „Standardformulierungen", ergänzt B.s Verteidigung, hätte die Police enthalten, Leistungsansprüche, wie sie nicht ungewöhnlich seien in solchen Fällen.

Die Verteidigung beantragt, den Versicherungsmakler vor Gericht zu hören, damit der erklären kann, wie der Vertrag zustande kam und ob Marcus B. besondere Wünsche hatte, zum Beispiel die zusätzliche Absicherung eines Fingers. Abgelehnt. Die Verteidigung beantragt, die Angestellten des Zahnarztes zu befragen, ob sich die Praxis in Schwierigkeiten befand und die Patienten ausblieben. Abgelehnt. Die Verteidigung beantragt, den Bankangestellten zu vernehmen, der B.s Konto betreut, ob es wahr sei, dass der Arzt in Schulden stecke. Abgelehnt. Das alles spiele hier nicht die entscheidende Rolle, befindet die Richterin mit knappen Worten, es gehe einzig darum: Gab es den Überfall oder nicht? Hat Dr. B. selbst Hand an sich gelegt oder nicht? Was sollen der Makler, die Assistentinnen, der Banker dazu sagen? Sie alle waren schließlich nicht dabei.

Das stimmt, sie waren nicht dabei, aber ein Motiv für die Tat hätte sich vielleicht ergeben. Oder eben auch nicht. „Ich hatte keinen Grund, mir so etwas anzutun", sagt Marcus B. „Er hatte keinen Grund", wiederholen die beiden Verteidigerinnen. „Und das wollen wir nachweisen." Die Richterin winkt ab. Da es keine Tatzeugen gibt, kein Geständnis und keine Beweise, setzt das Gericht auf Sachverständige. Sie sollen mit ihrer wissenschaftlichen Analyse, mit ihren Erfahrungen, mit ihren auch Laien überzeugend zu vermittelnden Argumenten erklären, was aus ihrer Sicht passiert ist. Auch sie sind keine Zeugen, aber Spezialisten. Sie kennen sich aus in psychiatrischen oder chirurgischen Fragen, sie sind Brandermittler, Toxikologen, Textiltechniker – je nachdem, was gebraucht wird. Mit ihrem Wissen sollen sie die Richter bei der Wahrheitssuche unterstützen. Und oft, sehr oft, sind die Experten am Ende diejenigen, die den Schuldspruch vorgeben. Manchmal auch einen falschen.

In spektakulären Kriminalfällen waren sich Experten mit „an Sicherheit grenzender Wahrscheinlichkeit" beispielsweise sicher, dass sie in den Asche-Proben eines abgebrannten Hauses jede Menge Spiritus-Rückstände gefunden hätten. Also: Brandstiftung. Das Gericht schlussfolgerte daraus Mord und verhängte eine lebenslange Freiheitsstrafe gegen eine Berlinerin, deren Vater in den Flammen starb. Erst nach Jahren klärten andere Sachverständige darüber auf, dass die Rückstände in der Asche auch ganz andere Ursachen haben könnten. Urteil nun: Freispruch. Eine junge Frau aus Münster kam hinter Gitter, weil Experten versicherten, im heimischen Herd der Angeklagten Spuren von Rattengift und einen Stoff gefunden zu haben, der beim Verbrennen menschlichen Hirns entstehe. Der Leiche des unter ungeklärten Umständen zu Tode gekommenen Ehemannes fehlte der Kopf, also passte alles zusammen. Nur: Der abgetrennte Kopf tauchte später ohne jede Brandspuren auf, und auch Rattengift war nun nicht mehr festzustellen. Das Urteil wurde kassiert. Die Beispiele ließen sich fortsetzen, es gibt Bücher dazu.

Doch in Fällen, in denen es nicht gerade um Leben und Tod geht, kommen Expertenfehler womöglich nie zur Aufklärung.

Die beiden Verteidigerinnen von Marcus B. haben sich auf die Vernehmung der Sachverständigen in ihrem Fall gut vorbereitet. Sie stellen Zwischenfragen, äußern ihren Unmut über Schlussfolgerungen, die ihnen nicht exakt erscheinen, bemängeln Rechenfehler, sie bringen einen eigenen Fachmann mit, der seine Kollegen in einigen wichtigen Details widerlegen soll. Wie viel Blut spritzt wann und wie lange in welche Richtung, wenn der Finger einer Hand mit einer Gartenschere abgetrennt wird? Wann und wie ziehen sich die Blutgefäße unter einer Art Schock zusammen? Welcher Blutverlust kann eintreten? Wie verändert sich das alles, wenn das Opfer, ein Arzt, in der Lage war, sich selbst zu versorgen mit Ultracain, einem gefäßverengenden Schmerzstiller? Wie fallgenau experimentiert jemand, der zur Rekonstruktion und Beweisführung nicht auf einen echten Finger zurückgreifen kann, sondern auf Hilfsmittel angewiesen ist? Und in welch missliche Lage bringt sich ein Gericht, das allein aus Expertenmeinungen seine Überzeugung fällen will?

Gäbe es Zweifel, müsste zugunsten des Angeklagten entschieden werden. „Gern hätten wir an Ihre Unschuld geglaubt, Herr B.", resümiert die Vorsitzende nach sechs Verhandlungstagen und mehrstündigen Referaten dreier gerichtlich beauftragter Sachverständiger, Experten des Landeskriminalamtes. „Denn dann", so ergänzt die Richterin, „wäre auch mein Weltbild im Lot geblieben." Doch die Gutachter hätten ihr kein Schlupfloch gelassen. „Wie in einem Buch", findet sie, hätten die Fachleute in den Spritzern und Spuren gelesen – und die Hauptfigur darin war kein skrupelloser südländischer Gangster, sondern ein gewissenloser einheimischer Mediziner, der seinen Finger erst selbst betäubt, ihn dann abschneidet und verschwinden lässt, um schließlich der Welt seine Mär zu präsentieren und die Versicherung zu betrügen. Ein Jahr Freiheitsstrafe, zur Bewährung.

Marcus B. kann und will eine solche Deutung nicht auf sich sitzen lassen. An seinem Finger hängt nun auch seine berufliche Existenz, denn wer will sich schon von einem Lügner und Betrüger behandeln lassen? Es droht ein Verlust der Approbation. Für seine Familie ist seit dem Tag des umstrittenen Überfalls ohnehin nichts mehr wie früher. Neugier, Gerüchte, Häme, Mitleid, Schadenfreude, Anschuldigungen, die ganze Palette. „Warum hätte ich alles aufs Spiel setzen sollen? Wegen Geld? Uns ging es gut. Wir hatten ein tolles Leben!" Er geht in Berufung. Seine Anwältinnen glauben, dass es dafür sehr gute Gründe gibt, und dass das Buch, in dem die Experten lasen, womöglich ein Fehldruck ist.

Tod im Morgenlicht

Für den Autofahrer bleibt es unerklärlich, woher der Radfahrer kam.

Ein Mensch ist tot, ein 52-jähriger Mann, der mit seinem Fahrrad auf dem Weg zur Arbeit war. Ein freundlicher Junitag kündigte sich an, die Sonne schien schon früh, der Wetterbericht hatte für Berlin Temperaturen bis 24 Grad Celsius vorhergesagt. Um 6.25 Uhr querte Rainer H. den Schwarzelfenweg auf einem markierten Radweg und als Geradeausfahrer auf der Hauptstraße. Um 6.26 Uhr lag er zusammengekrümmt auf dem Asphalt, meterweit von seinem Rad entfernt und ohne Regung. Zeitgleich gingen bei Feuerwehr und Polizei Notrufe ein.

„Ich kann beim besten Willen nicht sagen, woher der Mann kam", beteuert Oliver D., ein großgewachsener, sportlicher Jeansträger, 41, der als Angeklagter vor Gericht steht. Er fuhr an jenem Unglückstag den roten Opel, der dem Radfahrer H. die Vorfahrt nahm – und das Leben. Anders als H. begab er sich nicht zur Arbeit, sondern kam von der Nachtschicht, er hatte schon alles hinter sich. Er freute sich auf seine Familie. Von der Hauptstraße kommend musste er nur noch links in den Siedlungsweg mit dem romantischen Namen einbiegen...

D. fährt diesen Weg jeden Tag. Er kennt die Gegend, die Verkehrslage zu den verschiedenen Zeiten. Er sah, dass ihm einige Fahrzeuge in Richtung Zentrum entgegenkamen, er war nicht in Eile, aber flott unterwegs. Er erinnert sich, mit einer Geschwindigkeit von etwa 50 km/h, so viel sind erlaubt, an die Kreuzung herangefahren zu sein, kurz die Bremse getreten und auf den Gegenverkehr gewartet zu haben. Dann entdeckte er eine passende Lücke und gab Gas. „Die Autos, die mir entgegenkamen, waren weit genug weg. Da war kein Risiko, wirklich nicht. Und ansonsten war niemand auf der Straße. Nein, einen Radfahrer habe ich nicht gesehen. Und sie können mir glauben, ich achte auf Radfahrer."

Oliver D. möchte dem Richter, der knapp drei Meter vor ihm sitzt, gern beweisen, wie vorbildlich, wie gewissenhaft, wie vorausschauend er fährt. Aber wie soll er das machen? „Ich war noch nie schuldhaft in einen Unfall verwickelt, ich bin selbst oft mit dem Rad unterwegs in der Stadt, ich bin auch selbst schon mal von einem Auto abgedrängt worden und böse gestürzt, ich weiß, wie das ist." Er sucht keine Ausreden: Er hatte freie Sicht die Straße hinauf bis zur Brücke, kein Baum, kein Strauch, kein dicker Laster vor ihm störte die Sicht. Ja, die Sonne blendete ein wenig, sie stand tief, „aber ich hatte doch eine Sonnenbrille auf".

Das Flensburger Verkehrsregister verzeichnet für Oliver D. keinen Eintrag, das spricht für ihn. Und trotzdem rammte sein Auto den Radfahrer, der ihm entgegenkam. Der rote Opel hat leichte Schrammspuren im linken Frontbereich, und D. bestreitet auch gar nicht, den Crash gespürt und plötzlich einen „dumpfen Knall" gehört zu haben. Kein anderes Auto, außer seinem, war auf der Kreuzung. Und dann lag da dieser Mann und rührte sich nicht...

Zwei Mitarbeiter eine Malerfirma werden als Zeugen gehört sowie die junge Polizistin, die mit ihrem Kollegen als Erste am Unfallort war. Die beiden Maler saßen in einem Transporter, der ein Stück hinter dem Radfahrer stadteinwärts fuhr. Ihr Abstand zu ihm betrug vielleicht 40 oder 50 Meter. „Der Radfahrer und unsere Spur, wir hatten freie Fahrt geradeaus, hinter uns war etwas dichterer Verkehr", sagen beide übereinstimmend. „Dann bog plötzlich vorn ein rotes Auto ab, und der Radfahrer flog durch die Luft." Auch da sind sie sich noch einig.

Dann aber trennen sich ihre Erinnerungen. Maler eins sagt, dass der entgegenkommende Opel keineswegs gestoppt haben könnte, „das hätte ich gehört, mein Fenster war offen", sondern dass der Abbieger im Gegenteil rasant in die Kurve ging. „Mir schien, er hätte sie geschnitten." Maler zwei hingegen glaubt schon, dass der entgegenkommende Wagen zuerst angehalten hätte, bevor er dann Gas gab. „Ich sah ihn kurz stehen."

Diese Aussage nahm auch die Polizei am Unfallort auf. „Herr D., der Opelfahrer, machte einen betroffenen, aber durchaus gefassten Eindruck. Er schien sich keiner Schuld bewusst, und auch sein Auto wies nur geringe Spuren eines Anpralls auf, wir hatten keinerlei Anlass, eine Alkoholkontrolle vorzunehmen." Genaueres kann die junge Beamtin mit dem blonden Zopf auch nicht sagen.

Zwei Wochen lang rangen Ärzte im Krankenhaus um das Leben des verunglückten Radfahrers. Dann gaben sie auf. Zu schwer waren die Kopfverletzungen, die sich Rainer H. zugezogen hatte. An der Kreuzung, an der ihm der rote Opel die Vorfahrt nahm, steht seitdem ein weiß lackiertes Rad mit seinem Namen und den Lebensdaten. Der Allgemeine Deutsche Fahrradverband ADFC mahnt seit einiger Zeit mit solchen „Ghost-Bikes", Geisterrädern, die an all diejenigen Fahrradfahrer erinnern, die einen Unfall nicht überlebten.

Oliver D. weiß zwar nicht, wie es passieren konnte, dass er den Radfahrer Rainer H. an jenem Junimorgen einfach so übersah, aber er muss für seine Unaufmerksamkeit geradestehen. Das ist der Sinn dieses Gerichtsverfahrens. Wie sehr er sich schuldig gemacht hat, lautet die juristische Frage. Jeder Angehörige eines Unfallopfers findet hier nur Worte wie unermesslich, unvorstellbar, unverzeihlich. Das Strafgesetzbuch kennt solche Begriffe nicht. Da geht es um vorsätzlich, grob fahrlässig oder fahrlässig. Vorsatz würde man unterstellen, wenn jemand mit Absicht auf einen anderen zufährt; grobe Fahrlässigkeit, wenn Geschwindigkeitsrausch, Drogen oder so viel Alkohol im Spiel sind, dass jedem klar sein muss, dass er im Straßenverkehr eine Gefährdung für die Allgemeinheit darstellt. Fahrlässig ist alles, was die gebotene und vor allem notwendige Achtsamkeit vermissen lässt: das sogenannte Augenblicks-Versagen, die für einen Moment abgelenkte Konzentration, die Sekunde Müdigkeit, das Umdrehen zum Kind auf der Rückbank, der Griff zum Trinkbecher. Selten, ganz selten gehen die Verurteilungen für solche Delikte – egal, wie dramatisch sie enden – über Geldstrafen hinaus. Das wissen auch die Ehefrau und die beiden fast erwachsenen Kinder von Rainer H., die sich durch zwei Rechtsanwältinnen vertreten lassen.

„Hätte Herr D. doch wenigstens ein einziges Mal Kontakt zu uns aufgenommen, wir hätten versuchen können, uns in seine Lage hineinzuversetzen, wir hätten ihm vielleicht sogar irgendwann verzeihen können", sagt die Ehefrau und kann es nicht fassen, dass sie erst hier, vor Gericht, ein Wort des Bedauerns, des Mitleids hört. „Mehr als ein Jahr hatte er Zeit, und wir haben so sehr darauf gewartet." Oliver D. schüttelt den Kopf. „Glauben Sie mir, ich konnte das nicht. Die Bilder bekomme ich nicht mehr aus meinem Kopf.

Ich habe einen Menschen getötet. Ich, der ich wirklich sorgsam und vorsichtig bin. Ich komme damit nicht klar. Und meine Frau noch weniger. Wir leiden. Wir konnten nicht daran rühren."

Nein, das könne sie nicht akzeptieren, insistiert die Anwältin der Nebenkläger. „Für die Familie meiner Mandantin ist das Leben aus den Fugen geraten, und der Herr D. übergibt den Vorfall ungerührt seiner Rechtsschutzversicherung. Für die spielt es natürlich keinerlei Rolle, ob hier ein Mensch zu Tode kam oder ein Schutzblech verbeult wurde. Der Streit ging bis dahin, ob denn überhaupt der Aufprall todesursächlich war. Oder vielleicht eine Vorerkrankung des Opfers? Ein Behandlungsfehler in der Klinik? Prima, dann wäre Herr D. fein raus gewesen." Solch ein Unfall könne jedem passieren? Nein, betont die Anwältin. Das könne zum Glück nicht jedem passieren, weil nicht jeder so rücksichtslos fährt.

Mit der Geldstrafe, die die Staatsanwaltschaft beantragt hat, ist die Familie nicht einverstanden. „Dieses Geld geht am Ende an die Staatskasse, für die Familie bleibt nichts. Kein Ausgleich, kein Schmerzensgeld, keine Spur von Wiedergutmachung." Die Anwältin fordert eine Bewährungsstrafe, zumindest aber den Entzug der Fahrerlaubnis und einen Schadenersatz. Schmerzensgeld gibt es für Tote nicht, tot ist tot, sagt die Rechtsprechung, und auch Hinterbliebene haben keinen Anspruch darauf. „Aber vielleicht würde eine kleine Wiedergutmachung ja auch Herrn D. ein wenig entlasten?", setzt die Vertreterin der Hinterbliebenen leise, aber bestimmt hinzu und wendet sich an den Richter, der sich nach milden Worten des Verteidigers nun mit den Schöffen zurückzieht, um ein Urteil zu finden.

Die Geldstrafe, die Oliver D. am Ende zahlen muss (und die nicht an die Familie geht) errechnet sich aus einer Art Punktesystem: 90 Tagessätze hält das Gericht für angemessen, dieses „einmalige Versagen mit so tragischen Folgen" zu ahnden. Jeder Tagessatz hat die Höhe eines durchschnittliches Tageseinkommens des Angeklagten. Seinen Verdienst hatte der Maschinenarbeiter Oliver D. mit rund 1.000 Euro angegeben, 30 Euro am Tag. Also beträgt die Strafe 2.700 Euro. „Das erachte ich als ausreichend", schließt der Richter die Verhandlung. „Herr D. ist kein Verkehrsrowdy. Und lindern kann kein Gericht dieser Welt das Leid einer Familie, die Mann und Vater verlor."

Immer wieder hingeschaut

„Eigentlich habe ich mich geekelt", sagt ein Angeklagter, dessen Computer überquoll von pornografischen Kinderbildern.

Es wäre viel zu einfach, wenn es ein Schema gäbe. Einen immer wiederkehrenden Typus des Betrachters von kinderpornografischen Bildern und Filmen. Männlich, Ende dreißig, arbeitslos, verklemmt, ohne soziale Bindung? Staatsanwälte und Kriminalisten würden eine solche Beschreibung sofort verwerfen, denn das Spektrum der bekannt gewordenen Täter ist unendlich viel breiter und lässt praktisch keine Altersgruppe, keinen Berufsstand aus, umfasst Ledige, Geschiedene, Familienväter. Doch auf Enrico G. passt das Klischee trotzdem, auf jenen 37-jährigen Angeklagten, über den das Amtsgericht Königs Wusterhausen, einer Kleinstadt am südlichen Rande Berlins, an einem der wenigen strahlend-sonnigen Wintermorgen in diesem Jahr verhandelt. G., ein Lagerarbeiter, derzeit ohne Job, keine 1,65 Meter groß, ein dicklicher, weichlicher Mann mit verweinten Augen, muss sich wegen Besitzes und Weiterverbreitung kinderpornografischer Schriften, Paragraf 184b StGB, verantworten. Sein heimischer PC quoll über von Fotos und Filmen, in denen sich kleine Mädchen selbst oder gegenseitig mit ihren Händen, mit Spielzeugen, mit Vibratoren und Stangen an ihren kleinen Genitalien berühren. Kinderhände reiben und massieren männliche Geschlechtsteile, erwachsene Penisse werden in Kindermünder gesteckt, Sechsjährige lecken am Gemächt älterer Herren, und auch erkennbar realer Geschlechtsverkehr mit Minderjährigen ist aus allen Perspektiven gefilmt.

Weit mehr als 5.000 Dateien mit solchen Inhalten hat die Kriminalpolizei auf Enrico G.s Computer beschlagnahmt. Laut Protokoll stand der Rechner mitten in einem Wohnzimmer, das man vor Dreck und Müll kaum betreten konnte. Mäusekot und vergammelte Essensreste verbreiteten Gestank, Berge von Kleidung, Verpackungsmüll und Papier stapelten sich auf dem Boden, auf Tischplatte und Sessel. Die Kriminalbeamten konnten nichts weiter tun, als mit Handschuhen und spitzen Fingern unbesehen CDs, DVDs,

Speichersticks, externe Festplatten und Computer in Kartons zu verfrachten und auf der Dienststelle zu entkeimen. Jeder Datenträger musste einzeln abgewaschen und gereinigt werden, bevor die quälende Sichtung der Kinderpornos begann.

Enrico G. weiß nicht, wohin mit sich und seinem schlechten Gewissen, seiner Scham, hier aussagen zu müssen, seiner Panik, was alles zur Sprache kommt. Sein Gesicht glüht, er kann kaum eine der Fragen beantworten ohne zu schluchzen, er knetet das Taschentuch, die Hände, die Ärmel seines knallblauen Pullovers und heult und heult. „Ich hab das ja selbst nicht mehr ertragen", „warum ausgerechnet ich, der so was doch eigentlich verabscheut" und „manches war so eklig, dass man einfach wegschauen musste", stammelt er im Laufe der Befragung. Und doch hat er immer wieder hingeschaut. Jahrelang. Es muss mindestens sieben Jahre zuvor begonnen haben, das konnten die Ermittler nachweisen, aber diese Taten sind inzwischen verjährt. Enrico G. sagt, dass sich damals die Freundin von ihm getrennt hätte. Seitdem lebe er „überwiegend" allein.

„Aber Sie hatten schon Beziehungen in dieser Zeit?", fragt die resolute Staatsanwältin, die sich mit den diversen Spielarten der Computer-Delikte „leider viel zu gut" auskennt. „Sexualbeziehungen, meine ich." Enrico G. stockt. „Ja, schon ... manchmal ... nicht so häufig ... selten ... eigentlich kaum." Das bezieht sich wohl auf die zeitliche Abfolge, auf seine zunehmende Isolierung in den letzten Jahren, auf seine, man muss wohl sagen, Verwahrlosung. „Ich hab ja immer in Schichten gearbeitet, oft nachts, und hab das Alltägliche nicht so richtig auf die Reihe gekriegt. Ich saß viel am Computer. Und reinlassen in meine Wohnung konnte ich ja zuletzt auch keinen mehr, so wie es da aussah."

Die Computerdateien, die sich G. auf seinen Rechner lud und auf Dutzenden Datenträgern speicherte, zeigen allesamt sexuelle Verbrechen an sehr jungen Mädchen, die meisten keine zwölf, dreizehn Jahre alt. Viele Kinder deutlich jünger. Gequält, ausgenutzt und missbraucht. „Sie stehen auf junge Mädchen, ihre Sexualpartnerinnen waren sicher auch kaum gleichaltrig mit ihnen?", forscht die Staatsanwältin nach. Enrico G. kann ihr nicht in die Augen schauen. „Aber doch nicht sooo jung. Um Gottes willen! Die waren immer über zwanzig."

Die Frage, ob ihn die Kinderpornos denn sexuell befriedigt hätten, stellt das Gericht an diesem Vormittag nicht. Es treibt Enrico G. nicht in die Enge. Der Angeklagte ist geständig, er hat nicht geleugnet, die verbotenen Dateien auf seinen Rechner geladen zu haben, er hat den ermittelnden Beamten damit erspart, sich jedes einzelne dieser quälenden Fotos und jeden Film in voller Länge anschauen zu müssen, er hat dem Gericht die Arbeit erleichtert, selbst Zeugen sind nicht nötig. Dafür ist – im Gegenzug – nur „die Spitze des Eisberges" zur Anklage gelangt. Das Strafmaß für Besitz und Weiterverbreitung kinderpornografischen Materials reicht bis zu zwei Jahren Gefängnis und wird bei nicht vorbestraften Tätern oft zur Bewährung ausgesetzt. Diese Höhe – oder eben Nicht-Höhe – ist heftig umstritten, denn ohne die „einfachen Nutzer", ohne Leute wie Enrico G., die sich ihrer pädophilen Neigungen und ihres Voyeurismus einerseits schämen und die dann aber von dem angebotenen Material doch nicht die Finger lassen können, würde dieses ganze schmutzige Geschäft nicht funktionieren.

Jedes Jahr ermittelt die deutsche Polizei in etwa 7.000 bis 8.000 aufgedeckten Fällen von visuellem Missbrauch. Und das ist nur ein Bruchteil aller Delikte. Da misshandeln, missbrauchen mitunter geschäftstüchtige Fremde, meist aber Väter, Stiefväter, Onkel und Opas Kinder, die ihnen schutzlos ausgeliefert sind und die von Angst und Scham häufig lebenslang traumatisiert bleiben. In geschlossenen Newsgroups und sehr speziellen Tauschbörsen, beim sogenannten Filesharing im Netz, wissen sich routinierte Nutzer zielsicher zu bewegen. Auch Enrico G. hat, zumindest nach den ersten, angeblich „zufälligen" Treffern, bewusst die nötigen Programme heruntergeladen und die von ihm einmal gespeicherten Daten für Nachnutzer zugänglich gemacht. „Ich kann's nicht erklären. Manchmal hab ich mir sogar die Hände vors Gesicht gehalten und konnte es nicht aushalten. So was darf's doch gar nicht geben!", jammert er. „Da haben Sie recht", kontert die Staatsanwältin, „aber solange Menschen wie Sie darauf zugreifen, wird so etwas Schreckliches immer weiter passieren." Sie plädiert dafür, dass Enrico G. neben einer angedrohten Strafe von einem Jahr und sechs Monaten unbedingt eine Therapie beginnen muss, und dass deren Fortführung auch zu den Bewährungsauflagen gehört. „Allein schaffen Sie es nicht, das weiß ich genau. Lassen Sie sich helfen. Erst dann gibt es eine Chance."

Fast genau das Gleiche sagt G.s junger, schlanker Anwalt. „Frau Staatsanwältin hat mir aus dem Herzen gesprochen." Und ähnlich formuliert es schließlich auch die Richterin in ihrem Urteil. „Sie sind derzeit arbeitslos und in Umschulung, sie haben wenig Geld, auch ist Ihr Vergehen so schwer, dass es eine Gefängnisstrafe zur Drohung braucht. Sie erhalten die Chance, sich die Haft durch ein geordnetes Leben und vor allem eine Therapie zu ersparen. Zeigen Sie, dass Sie sich bezwingen können, leisten Sie gemeinnützige Arbeit und gehen Sie Computern möglichst weit aus dem Weg."

Seinen ersten Termin bei einem psychiatrischen Arzt in Wohnnähe hat Enrico G. am 2. März dieses Jahres. „Wir werden Sie im Auge behalten, ganz bestimmt", verabschiedet sich die Richterin.

Erwischt!

Im Glauben, die Polizei sei überfordert im Kampf gegen das Böse, beschließt ein Mann, Ladendiebe und Zigarettenschmuggler höchstpersönlich zu stellen.

Peter K. ist ein Fuchs. Er kennt sich aus. Er hat einen Blick fürs Böse, das sich tarnt. Da, diese zierliche blonde Frau zum Beispiel. Ach, was heißt zierlich? Gesundheitlich angeschlagen sieht sie aus, fast dürr, die wird Drogen nehmen, eine Junkie-Tussi, das ist klar. Und der Typ neben ihr? Ein Freund? Ihr Zuhälter? Auf jeden Fall ein Kerl mit Migrationshintergrund. Nun schickt er das Mädel auch noch in den Schlecker-Laden und bleibt selbst draußen. Na, wenn hier nix im Busch ist ... Peter K. legt sich auf die Lauer. Das Verbrecherjagen, das liegt ihm. Das hat er schon oft gemacht. Am liebsten passt er auf, dass niemand in Läden stiehlt, denn wo kämen wir hin, wenn sich jeder selbst bedient und nicht zahlen will? Oder die vietnamesischen Zigarettenhändler. Was hat er da nicht schon alles erlebt! Die stellen sich mit ihren geklauten oder sonstwie heimlich abgezweigten Großpaketen vor Einkaufsmärkte, an Parks oder S-Bahn-Stationen auf, um ihre unverzollte Ware günstig an den Mann zu bringen. Und leider Gottes finden sich ja auch immer wieder Leute, die da kaufen, nur um ein paar Euros zu sparen. Dabei ist das alles illegal eingeführtes Zeugs und der Handel verboten. Aber wen kümmert das schon. Nur gut, dass wenigstens einer aufpasst: Er.

Acht Vorstrafen hat Peter K., ein langer, stocksteifer, hagerer und ungepflegter Mann Anfang vierzig, schon kassiert. Auf jede einzelne ist er stolz. Immer war er der Gute, auch wenn das in dieser Gesellschaft kein Richter wahrhaben will. Das kann er zwar nicht begreifen, aber er ist deswegen auch nicht böse. Er kommt ohne Groll zu seinen Verhandlungen, immer pünktlich, immer zuverlässig, selbst wenn er Angst haben muss, einmal weggesperrt zu werden. Diese Richter verstehen ihn eben nicht. Vielleicht wissen sie ja nicht, was auf der Straße los ist, vielleicht fehlt ihnen der Sinn für die Realität. So wie seinem Anwalt, diesem jungen Menschen, der ebenfalls glaubt, er, Peter K., müsse sich für irgendwas entschuldigen. So ein Blödsinn! Aber diese Juristen machen ja nur ihren Paragrafenreiter-Job. Mehr ärgert es ihn, dass die Polizei, der er schließlich mit seinen Aktionen helfen will, so wenig dankbar ist. Da gab es schon welche, die vor Gericht ausgesagt haben, er wäre eine Nervensäge, ein Quälgeist, ein Verrückter. Das verbittet er sich. Er greift ein, wenn er Unrecht sieht; wenn die Polizei damit überfordert ist, Ordnung zu schaffen, dann tritt er in Aktion. Dann überwältigt er schon mal einen Zigarettenhändler, sprüht ihm Pfefferspray oder Tränengas ins Gesicht, damit er nicht flüchten kann, oder wirft einen Ladendieb auf die Erde, kniet sich auf seinen Körper, verdreht ihm die Arme, würgt und knebelt ihn ein bisschen. Nicht, dass der noch um Hilfe schreien kann!

Die aktuelle Anklage, vorm Landgericht verhandelt, wirft dem selbsternannten Bürgerschützer Peter K. genau eine solche Gewalttätigkeit vor: Freiheitsberaubung, Nötigung, Körperverletzung. Und sein Opfer war die zierliche junge Frau, die er am 16. Juni des vergangenen Jahres in einer Berliner Einkaufspassage beobachtet und, wie er sagt, „festgenommen" hat, weil er glaubte, sie beim Ladendiebstahl erwischt zu haben. Es ging um ein Päckchen Rasierklingen, dass sie in der Hand hielt.

Claudia B., die vermeintliche Ladendiebin, erinnert sich noch immer mit Schrecken an jenen Tag. Ja, sie sei mit einem Bekannten in der Marktpassage unterwegs gewesen, es stimmt auch, dass er nicht mit rein wollte – „du stehst ja doch nur wieder ewig vor der Kosmetik" – und draußen wartete. Deshalb habe sie sich eigentlich beeilt, nicht gefunden, was sie suchte, und noch überlegt, ob sie neue Rasierklingen bräuchten. „Ich weiß nicht, ob ich sie gekauft hätte", sagt sie, da stürzte auch schon dieser große, völlig aufgebrachte Mann auf sie zu. „Halt, Sie sind eine Diebin, bleiben Sie stehen!", so was Ähnliches hat sie im Ohr. Sie drehte sich verwundert um, aber da packte er auch schon zu, riss an ihrer Jacke, versuchte sie festzuhalten. Sie bekam „höllische Angst vor dem Verrückten", ließ die Klingen fallen und rannte los. Raus, nur raus, will sie gedacht haben. Sie hörte noch, wie die Verkäuferin schrie „Lassen Sie die Frau los!", aber der Mann lief ihr hinterher. Sie kam bis zum benachbarten Laden, einem Bäcker, dann hatte er sie wieder und es gab kein Entkommen. „Er warf mich zu Boden, kniete sich auf mich, verdrehte mir den Arm, drückte mir mit seinem Körper auf die Brust, den Hals, ich bekam keine Luft, hatte nur Panik. Die Verkäuferinnen ringsum zogen an ihm und versuchten, ihn zu beruhigen, aber mir schien, er wurde immer verbissener. Ich weiß nicht, wie lange es dauerte, sicher ein paar Minuten, dann kam der Wachschutz und nahm den Mann weg. Für mich kam das alles aus so heiterem Himmel, dass ich nur schlotterte und zitterte und gleich wieder weglief. Irgendwohin, in Sicherheit."

In der Tiefgarage blieb sie versteckt, bis die Polizei eintraf, und auch auf die Beamten machte die Frau noch einen völlig verstörten Eindruck. Dem Päckchen Rasierklingen, das die Verkäuferinnen der Schlecker-Filiale später beim Aufräumen des Geschäftes fanden, fehlte übrigens der Sicherheitsstreifen. „Aber daraus wollten wir nichts ableiten, das passiert so häufig", sagt die Zeugin, die an jenem Tag an der Kasse saß und den ganzen Vorfall ungläubig verfolgte. „Wie der sich aufgeführt hat! Wie ein Wilder. So als hätte ihn jemand persönlich bedroht. Ich solle sofort den Laden schließen, brüllte er mich an, es sei ein Dieb drin. Aber ich hatte doch Kunden, musste kassieren, ich kann doch nicht einfach so den Laden zumachen, weil irgendeiner das will ..."

Peter K. könnte dem Gericht jetzt einen Vortrag halten über den alljährlichen Schaden, den Ladendiebe „unseren Geschäften, unserer Wirtschaft" zufügen. „Millionenschäden!", „und das alles bezahlen wir, die Bürger, Sie und ich!", aber der Richter bremst ihn. Er weiß um die Vorgeschichte des Angeklagten, um seine immer wiederkehrenden Attacken und die seelische Qual, die K. solcherart „Unordnung" bereitet. Für den Vorsitzenden und seine Kollegen stellt sich hier und heute – neben dem konkreten Ausmaß der Handgreiflichkeiten („Haben Sie die Frau geknebelt, ihr die Hand in den Mund gesteckt, hatte sie Atemnot?") vor allem die Frage, ob Peter K. überhaupt in der Lage ist, sein Handeln in solchen Situationen zu steuern und sein Unrecht einzusehen. Falls ja, würde man diesmal wohl nicht um das Verhängen einer Haftstrafe herumkommen, denn der Angeklagte steht unter Bewährung, ein ähnlicher Vorfall liegt keine zwei Jahre zurück. Falls nein, und das kann nur ein Sachverständiger beurteilen, dann ist Peter K. ein Fall für die klinische Behandlung. Dann gäbe es diesmal neben dem

Urteil vor allem eine Einweisung ins psychiatrische Krankenhaus. Es sei denn, der Angeklagte zeigt ein Minimum an Einsicht und willigt freiwillig in eine langfristige Therapie ein.

Davon allerdings ist K. nach zwei Verhandlungstagen noch weit, weit entfernt. „Herr Richter, das ist Nötigung, was Sie hier mit mir machen. Ich soll mich in eine Therapie fügen, obwohl ich gar nichts verbrochen habe. Das geht nicht. Das können Sie nicht machen. Ich kann nicht verurteilt werden für etwas, was nur mein Recht ist!" Er hat ein echtes Anliegen. Es bringt doch nichts, nur über die Kleinigkeiten zu reden. Ob er nun am Arm gedrückt hätte oder am Hals. Was macht das für einen Unterschied? „Sie haben doch sicher Ihr Gesetzbuch zur Hand, Herr Richter? Ich würde gern daraus zitieren: über das Recht eines jeden Bürgers zur vorläufigen Festnahme ..." Peter K. strafft sich für seinen Auftritt. „Nicht nötig", befindet der Richter, „wir kennen das."

Bleibt also der forensische Gutachter, der sich mit Peter K. beschäftigt hat. Er kennt ihn seit dessen letzter Verurteilung, und er ist überzeugt davon, dass K. unter einer echten seelischen Störung leidet. Voller Distanz habe der Angeklagte von seiner Familie gesprochen, kein einziges Wort zu viel erzählt vom Vater, einem strengen Mann im Militärdienst, der sich bereitwillig überall hin versetzen ließ, ohne Rücksicht auf die Familie zu nehmen, zum Beispiel seinen Sohn, der nirgends heimisch wurde. Von den Brüdern, die sich besser anpassen konnten, von der Mutter, die keinen eigenen Willen hatte. Peter K. arrangiert sich nicht. Wenige Wochen vor dem Abitur bricht der Neunzehnjährige alles ab. Die Schule, eine Freundschaft, den Kontakt zur Familie. Von nun an ist er allein auf sich gestellt und es bis heute geblieben. „Schon damals zeigte sich eine offene Psychose", so beschreibt es der Arzt. Bei einem Vorbereitungskurs zum Zivildienst 1984 erlebt K. einen ersten psychotischen Ausbruch, er reagiert wegen einer Bagatelle hochaggressiv und explosiv, beschimpft Ausbilder und Kameraden, wird in einer Klinik mit Zwang unter Medikamente gesetzt, flieht, wird wieder eingewiesen, gilt als Querulant, wird zunehmend misstrauisch gegen alles und jeden. Er schließt sich ein, bleibt emotional isoliert, findet nie wieder Freunde oder gar eine Partnerin. Er wechselt die Städte, in denen er Zuflucht sucht, und die Quartiere, in denen er unterkommt, so schnell, dass er bald außerhalb jeder Behandlung ist – frei, wie er findet, und ohne Kontrolle.

Sieben Gerichte zuvor scheint diese Biografie nicht wirklich interessiert zu haben. Nun, bei der Diagnose „paranoische Persönlichkeitsstörung mit ausgestanztem Tatmuster" klingt alles danach, als würde Peter K. sich ohne strenge Auflagen, überwachte Therapie und medikamentöse Behandlung nie von seinen fixen Ideen befreien können. Falls er das überhaupt will. Kann man ihn zum Wollen zwingen? Das Gericht ist im Zweifel, es erbittet sich zwei Tage Bedenkzeit. Und es will Peter K. diese Pause geben, um über die Konsequenz nachzudenken: Einsicht, Bewährung und freiwillige Therapie oder alternativ die gerichtlich verfügte Zwangseinweisung. Noch bockt der Angeklagte. „Wenn hier einer gestört ist, dann die Ladendiebe und Zigarettenhändler." Doch hat nicht auch der Gutachter gesagt, dass diese Uneinsichtigkeit Teil seiner Krankheit sei?

„Herr K., das ist ganz gewiss die letzte Bewährung, die Sie bekommen", schickt der Richter zum Prozessende seiner Entscheidung hinterher. „Sie müssen in eine langfristige Behandlung einwilligen, Sie müssen all die Medikamente nehmen, die die Therapie vorschreibt, Sie müssen Auflagen erfüllen und dürfen nie wieder eine ‚Festnahme' durchführen" – sonst hieße die Strafe ein Jahr Gefängnis, zusätzlich unbegrenzt Unterbringung in einer psychiatrischen Anstalt. Die Bewährungszeit sind fünf lange Jahre. Hält es Peter K. so lange ohne Verbrecherjagd aus?

Grabräuber

Vieles wird auf Friedhöfen gestohlen: kupferne Grablichter, exklusive Gestecke, sogar Urnen. Dieses ungleiche Paar hatte es ausschließlich auf Wohnungsschlüssel abgesehen.

Edyta Anna B., eine schöne, beinahe elegante, großgewachsene Blonde, 43, gibt als Beruf Hausfrau an, weil ihr Mann genug verdiene und die Familie von seinem Geld gut leben könne. Neben ihr: Wolfgang Sch., ein graugesichtiger, grauhaariger, grau in grau gekleideter 54-Jähriger, der von Hartz IV lebt, weil er seinen Job als Kraftfahrer schon vor langer Zeit verloren hat. Er zieht ein Bein nach.

Beide sind angeklagt wegen gewerbsmäßigen Raubes, den sie gemeinsam begangen haben sollen. Wolfgang Sch. sagt, Frau B. habe nichts damit zu tun. Frau B. sagt gar nichts. „Woher kennen Sie sich?", will der die Verhandlung leitende Richter wissen. „Aus dem Bordell", erwidert Wolfgang Sch. knapp. Keine Reaktion von Edyta B. Sie fixiert ihr zierliches Handtäschchen. Und wenn man sich eines nicht vorstellen kann, dann die kurze Einlassung des farblosen Angeklagten, er allein sei der Schuldige, der Drahtzieher und Ideengeber. Seine Sätze kommen ungelenk, nach bedächtigem Schweigen, oft abgehackt. Manchmal weiß er auch nichts zu sagen, weil er die Frage nicht gleich versteht.

Man kann und möchte nicht glauben, dass er sich diesen fiesen, hinterhältigen Trick ausgedacht hat, mit dem das so ungleiche Paar laut Anklage im Sommer auf verschiedenen Berliner Friedhöfen alleinstehenden älteren Damen aufgelauert haben soll, um sie zu bestehlen. Und nicht das allein! Um sie auszurauben, daheim, in ihren eigenen vier Wänden, in ihrer kleinen Schutzburg. Und zwar jeweils mit den Schlüsseln, die sie zuvor unbemerkt aus den Taschen und Beuteln der mit der Grabpflege beschäftigten Seniorinnen gestohlen haben. Da auf den Grabsteinen bestenfalls die Familiennamen, keineswegs aber die Adressen der ausgewählten Opfer standen, ging dem wohl eine längere und gezielte Beobachtung voraus.

Der Plan ist einfach, aber doch schon wieder raffiniert. Zu raffiniert für Wolfgang Sch.? Hat die in Polen gebürtige, allerdings schon lange in Berlin lebende Edyta B. wirklich nichts damit zu tun? Warum fand man dann in ihrer Wohnung einen Teil des Diebesguts? Teure Ringe, goldene Ketten, diamantene Broschen. Hat Wolfgang Sch. seine Beutestücke womöglich heimlich dort versteckt? Aber er traf sie doch nur im Bordell ... Was, wenn es den geheimnisvollen, schlauen Dritten gibt, der beide nur benutzte? Oder den Vierten, Fünften, Sechsten? „Das hätten wir auch gern gewusst", sagt die junge Staatsanwältin mit dem lustigen Zopf, die Polizei konnte jedoch nichts Genaues ermitteln. Also gilt der Satz: Lieber den Spatz in der Hand als die Taube auf dem Dach.

„Nie im Leben glaub ich, dass da keine Bande hinter steckt", sagt Ursula G., eine beherzte kleine Dame, die das erste Opfer der Friedhofsräuber wurde. An einem Freitag im Juli war die 74-Jährige zur Grabpflege mit dem Auto zu zwei Friedhöfen in ihrer Wohnnähe gefahren. In Schmargendorf liegen Onkel und Tante begraben, in Westend, am Fürstenfelder Weg, ihre Eltern. Ruhestätte G., verrät der Grabstein. „Ich komme meist jede Woche hierher", sagt Frau G., „und ich bin immer sehr umsichtig, gehe kein Risiko ein. Ich weiß noch genau, dass ich den Reißverschluss meiner Tasche zugezogen hatte, und am Grab auch nur eine Minute weg war, um mit der Kanne Wasser zu holen." Es war ein heller Sommerabend, 18 Uhr, und weit und breit niemand zu sehen. Nur einmal fuhr ein Radfahrer vorbei. „Ich war sicher, völlig allein zu sein. Sonst hätte ich doch die Tasche nicht abgelegt. Und ich habe mich auch immerzu umgeschaut."

Die Rentnerin – „Entschuldigung, ich bin Pensionärin", korrigiert sie den Richter – beteuert, die Umhängetasche höchstens für ein paar Sekunden aus den Augen gelassen zu haben. „Diebe dort? Die hätten sich in Luft aufgelöst haben müssen", beharrt sie. Aber als sie wieder am Auto war und die Tasche öffnete, war das Schlüsselbund weg. Zum Glück hatte sie ein Zweitexemplar bei der Nachbarin deponiert. „Ich habe zu Hause gesucht. Nix. War wieder auf dem Friedhof. Nix." Auch auf dem ALDI-Parkplatz, wo ihr Auto stand, waren keine Schlüssel abgegeben worden. „Ich hatte ein unruhiges Wochenende, aber ich dachte doch ganz fest, ich hätte sie verloren. Und woher sollte ein möglicher Finder meine Adresse kennen?"

Am Montagvormittag ging Ursula G., wie immer montags, zum Sport. Das war offenbar genau das Zeitfenster, auf das die Schlüsseldiebe gewartet hatten. Als Frau G. um 12.15 Uhr zurückkehrte, war ihre Wohnungstür nur zugezogen. Ihr wurde mulmig. Doch auf den ersten Blick sah alles aus wie sonst. Bis sie ins Schlafzimmer kam: aufgerissene Schubfächer, die Vitrine offen – und der ganze Schmuck weg! „Die haben mir ein Stück Leben gestohlen", weint sie noch ein Jahr später bei ihrer Aussage vor Gericht und stützt sich auf ihren Stock. „Ich habe natürlich ein neues Schloss in der Tür, aber ich fühle mich nicht mehr sicher. Immer diese Angst, jemand käme herein. Meine Wohnung ist entweiht, das ist ein ganz ungutes Gefühl. Aber ich kann doch nicht einfach wegziehen." Die Ringe und Schmuckstücke, die Frau G. gestohlen wurden, besitzen einen Wert von fast 30.000 Euro. Ein Gutachter hat das geschätzt. Einen der vermissten Brillantringe beschlagnahmte die Polizei bei einem Pfandleiher. Abgegeben worden war das Stück dort von Wolfgang Sch., die Beamten fanden in seinen Sachen sogar noch den dazugehörigen Schuldschein.

Den Ring bekommt Frau G. vielleicht wieder zurück – wenn alles geklärt ist. Wertvolle Erinnerungsstücke aber bleiben verschwunden. Die Hausratsversicherung von Frau G. hat den Schaden ausführlich aufgenommen – begleichen allerdings wird sie ihn nicht. Die alte Dame sei einfach zu sorglos mit ihrer Tasche umgegangen. Das, sagt Wolfgang Sch., tue ihm leid. Daran hätte er nicht gedacht. Dass so Schmuck ja vielleicht auch mehr sein könne als Geld.

Die 74-jährige Ursula G. war nicht das einzige Opfer der dreisten Friedhofsräuber. Sieben Fälle sind angeklagt. Weitere bleiben wohl ungeklärt. Vor Gericht kommen noch vier ältere Damen zu Wort, die allesamt auf die gleiche Art und Weise bestohlen worden sind. Auch ihre Taschen standen einen Moment lang auf der Wiese, auf der Bank, direkt am Grab, hingen in den Zweigen des Buchsbaumes. Und niemals hat eine der Frauen irgendjemanden gesehen, sie waren nur Gießwasser holen, Blumen entsorgen, Laub wegbringen. Und immer fehlten beim Heimkommen die

Schlüssel. Eingebrochen wurde in fast allen Fällen, einmal sogar noch während des Friedhofsbesuchs. Alle Opfer hatten Schmuck im Haus, manche auch größere Summen Bargeld. Alle haben den Diebstahl sofort angezeigt. Keine Versicherung zahlt.

Als sich die Vorfälle auf einigen Friedhöfen in guten Lagen häuften, insbesondere das Areal am Fürstenberger Weg nahe Zehlendorf immer wieder von Geschädigten genannt wurde, verstärkte die Polizei dort ihre Kontrollen. Und hatte nach längerer Beobachtung Erfolg: Beide, Wolfgang Sch. und Edyta B., wurden von einer Streife in einem Versteck aufgegriffen. Die Suche nach dem Diebesgut begann. Bisher wurde nur ein kleinerer Teil des gestohlenen Schmucks in Pfandleihen, bei Juwelieren, in der Wohnung der Angeklagten wiedergefunden. Vielleicht kommt anderes ja noch zum Vorschein, sollte wirklich eine Bande dahinterstecken. „Nein, nein, das findet sich nicht mehr an, ist längst alles weiterverkauft", befürchtet Marie-Helene M., die eine Freundin zum Prozess begleitet. Sie selbst sei auch mal auf einem Friedhof überfallen worden, in Süddeutschland, nahe Reutlingen, wo sie bis vor ein paar Jahren lebte. Da riss ihr ein vermummter junger Mann den Beutel, den sie trug, aus der Hand und lief weg. Sie fiel und brach sich das linke Handgelenk. Er musste sich mit zehn Euro, Tulpenzwiebeln, Taschentüchern, einer Handschaufel und einer Gartenschere begnügen. „Meine Papiere und den Wohnungsschlüssel hatte ich zum Glück in der Jackentasche", erzählt sie, „aber der Schreck war so groß. Seitdem bin ich überall extrem vorsichtig. Man wird schon richtig misstrauisch, das ist auch nicht schön."

Blutsverwandte

Zwei Brüder sehen kein Problem darin, beim Vaterschaftstest zu betrügen.

Vorladung ins Amtsgericht, Montag, 12 Uhr. Mohammed O. ist da, ein großgewachsener, stämmiger junger Mann, der sich vor der Richterin aber erst einmal ausweisen muss. Sie schaut sich das Passfoto an, dann bittet sie ihn, die Kapuze vom Kopf zu nehmen. Das gehöre sich so vor Gericht, und außerdem müsse sie sein Gesicht sehen, um sicherzugehen, dass sie den Richtigen vor sich hat. „Und wo ist Ihr Bruder?", fragt sie den Angeklagten. Omar müsse gleich da sein, antwortet Mohammed folgsam, sie hätten eben noch miteinander telefoniert, der Bruder sei auf dem Weg, er brauche höchstens noch zehn oder fünfzehn Minuten. „Omar kommt, ganz bestimmt." Die Richterin schaut zweifelnd, gibt dem Bruder aber eine Chance. „Dann also zehn Minuten Pause." Sie könnte auch androhen, ihn vorzuführen und von zu Hause abholen zu lassen im Polizeiauto.

Omar O., 27, hat schon einmal einen wichtigen Termin „versäumt" und seinen jüngeren Bruder vorgeschickt. Das war, als ein Familiengericht ihn aufforderte, sich in die Praxis eines Berliner Arztes zu begeben, um dort eine Speichelprobe abzugeben. Seine ehemalige Freundin habe ihn als Erzeuger ihres knapp zweijährigen Sohnes Ion angegeben, stand in dem Schreiben, und da Omar O. bisher nicht gewillt sei, die Vaterschaft anzuerkennen, müsse also ein Test her. Das Gericht brauche Klarheit. Und Mutter und Kind brauchten sie auch.

Omar O. kocht. Er bestreitet ja nicht, für ein paar Monate mit der Kosovarin Estelle liiert gewesen zu sein, aber ihre Beziehung funktionierte nicht, er hat sie beendet. Von einer Schwangerschaft habe er nichts gewusst. Zu keiner Zeit ihrer Verbindung habe sie mit ihm darüber gesprochen, dass sie ein Kind erwartete. Er hätte sich ja vielleicht sogar gefreut! Aber nein, sie ging mit anderen aus, wollte tanzen, an ihn hätte sie immer nur Forderungen gestellt, das wäre nicht fair gewesen. Und nun das – ein Kind! Gut eineinhalb Jahre später und angeblich von ihm. Omar O. sagt, er hätte den kleinen Jungen gern sehen wollen, aber die Ex lehnte ab. „Sie war einfach zu keinem vernünftigen Gespräch bereit, machte nur Druck und bestand darauf, dass ich ohne Wenn und Aber die Vaterschaft anerkenne. Das konnte ich nicht, dafür war ich zu stolz", sagt Omar O., als er kurz vor Ablauf der Pause tatsächlich im Gericht auftaucht. Auch er muss sich zunächst ausweisen, sein Foto im Pass vorzeigen. Dann ist die Identität des Bruderpaares geklärt, die Verhandlung kann beginnen.

Beide Männer streiten nichts ab. „Ja, wir hatten die Absicht, alle zu täuschen." Versuchter Betrug, Urkundenfälschung, versuchte Falschbeurkundung und Ähnliches sind angeklagt. Sie räumen alles ein: Statt des mutmaßlichen Vaters Omar O. ist sein fünf Jahre jüngerer Bruder Mohammed an jenem Augusttag ins Labor des Dr. Fabricius gefahren, hat Omars Ausweis vorgelegt, mit seiner Unterschrift bestätigt, dass er Omar sei und in den Test einwillige. Er hat sich für den Identitätsnachweis fotografieren lassen, seinen linken Daumen ins Stempelkissen gedrückt und schließlich einem Abstrich aus seiner Mundschleimhaut zugestimmt, siegessicher in der Annahme, nun seien alle Probleme aus der Welt. „Es war meine Idee, Omar zu schützen. Wir fanden das alle ungerecht, wie seine Ex-Freundin mit ihm umging. Ich wollte ihm helfen", sagt Mohammed O. mannhaft, und seine Körpersprache verrät, dass der Jüngere noch immer nicht unzufrieden damit ist, wie clever er sich das ausgedacht hatte.

Aber die Probleme fingen nun erst wirklich an. Der erfahrene Mediziner, der die DNA des vermeintlichen Omar O. analysierte, stieß nämlich auf Ungereimtheiten. Fünfzehn Merkmale der Speichelprobe wurden auf Übereinstimmungen mit denen des Kindes Ion getestet, vier davon waren positiv, andere nicht. Nein, dieser Speichelgeber konnte nicht der Vater des Jungen sein, das ergab die Untersuchung zweifelsfrei, und das teilte der Arzt dem Familiengericht auch mit. Seiner Aufmerksamkeit entging dennoch nicht, dass die DNA eine ungewöhnliche Ähnlichkeit aufwies. Natürlich konnte das Zufall sein, aber eine Blutsverwandtschaft zwischen Erzeuger und Speichelgeber war ebenfalls nicht auszuschließen. Ganz im Gegenteil, sie schien dem Gutachter sogar sehr wahrscheinlich. Und die Lichtbilder sowie die Unterschriften, die ihm vorlagen, verstärkten den Verdacht, dass er es bei dem Test nicht mit Omar O. zu tun hatte.

Der Mediziner machte in seinem Bericht darauf aufmerksam und schlug vor, die Mutter des Kindes mit dem Foto des Erschienenen zu konfrontieren – und siehe da, die Kosovarin Estelle erkannte ohne Mühe den kleinen Bruder ihres Verflossenen wieder. Nun konnte sich auch der richtige Omar dem Test nicht mehr entziehen. Seine DNA brachte die Gewissheit: Mit 99,99962-prozentiger Wahrscheinlichkeit ist er der Vater des kleinen Ion. 99,99962 Prozent gelten als sicher.

„Schämen Sie sich denn gar nicht, Ihren Sohn derart zu verleugnen", spricht die Richterin eindringlich auf Omar O. ein. „Sie sind doch keine siebzehn mehr. Sie müssen doch Verantwortung übernehmen. Wie werden Sie ihm dieses ganze Heckmeck später einmal erklären? Dass Sie ihn betrügen wollten?" Omar, der Ältere, versteckt sich nun nicht mehr hinter seiner Hand, wie er es die ganze Zeit getan hat, als das Gericht die Argumente gegen ihn vorbrachte. „Ich weiß, wie verbockt, wie stur, wie egoistisch das war. Es ging mir auch gar nicht um das Geld, um den Unterhalt. Ich war nur so sauer auf die Mutter. Der galt das Ganze. Nicht dem Kleinen." Eigentlich, so sagt er, hätte er auch gar nicht gewollt, dass sein Bruder zum Test geht. Aber alle hätten damals auf ihn eingeredet, dass er was tun müsse, dass es nicht fair sei, wenn Estelle ihm jetzt das Kind anhängt.

Den inzwischen Dreijährigen sieht Omar O. nur manchmal heimlich. Die Mutter des Kindes will das nicht. Und doch ist er der Vater. „Ich steh jetzt dazu", sagt Omar O. Zahlt er auch Unterhalt? „Das ist schwierig. Ich verdien doch nichts, krieg zu Hartz IV gerade mal 400 Euro, als Minijobber, fürs Kellnern. Und Schulden habe ich auch mehr als genug, aus 'ner Insolvenz, da ging mein Imbiss pleite." 2.250 Euro Geldstrafe kommen aus dem Betrugsprozess hinzu. 150 Tagessätze à 15 Euro, unteres Limit. „Wie soll das gehen?", jammert Omar. „Wie soll ich die aufbringen?"

Die Richterin kennt eine gute Möglichkeit. „Sie könnten sich mit der Staatsanwaltschaft auf Raten einigen oder beantragen, dass Sie Ihre Strafe abarbeiten dürfen, mit gemeinnütziger Tätigkeit", erklärt sie. „Das wäre doch was. Ein Tagessatz entspricht dann sechs

Arbeitsstunden. Sie können es sich überlegen." Bruder Mohammed, der die gemeine Idee mit ausheckte, wird ebenso zahlen müssen: 120 Tagessätze à 15 Euro, insgesamt 1.800 Euro. Wenn der Umsatz seiner Shisha-Bar das nicht hergibt, bleibt auch ihm nur die Chance, sich nützlich zu machen bei einer Arbeit, die die Staatsanwaltschaft vorschlägt. Vielleicht treffen sich die Brüder ja dort wieder.

Masern

Weil ein Kinderarzt sich sehr schnell auf eine Diagnose festlegt, stirbt ein Dreijähriger zu Hause bei seinen Eltern.

Das Kind bekommt über Stunden im Gerichtssaal keinen Namen. Es ist „das Kind". „Das Kind war fiebrig, schlapp, fast apathisch", sagt die Mutter als Zeugin. „Das Kind hätte nicht sterben müssen", verliest die Staatsanwältin aus ihrer Anklage. „Das Kind wurde von Dr. S. gründlich untersucht", insistiert der Verteidiger des Angeklagten.

Der Angeklagte selbst, ein routinierter Kinderarzt, Ende sechzig, mit langjähriger Erfahrung auch im Umgang mit Notfällen, sagt immerhin: „der Junge". Und er erinnert sich, dass der knapp Dreijährige etwas unruhig und aufgeregt war, als seine Mutter mit ihm eines Samstagmittags in der Notaufnahme des St.-Joseph-Krankenhauses erschien. „Der Junge hatte im Untersuchungszimmer offenbar den roten Knopf entdeckt, mit dem man schnelle Hilfe herbeirufen kann. Den hat er ein paar Mal gedrückt und die Schwester alarmiert. Es war aber wohl Neugier. Als ich ihn dann untersuchte, war er eher quengelig, drehte den Kopf weg, als ich in Mund und Rachen schauen wollte. Das ist ja auch unangenehm. Die Mutter hielt ihn schließlich fest."

Das Kind, der Junge, zum Zeitpunkt seiner Erkrankung gerade mal zwei Jahre und zehn Monate alt, hieß Vladenz. Er kam in Lettland zur Welt und seine Eltern waren mit ihm erst kurz zuvor nach Berlin gezogen. Hier sollte Vladenz aufwachsen, in die Kita, zur Schule gehen und später vielleicht einmal studieren. Warum gerade Berlin? „Weil die Bedingungen für Kinder hier gut sind, sie viele Möglichkeiten haben", sagt die Mutter. „Deutschland ist ein gutes Land", weiß der Vater. Er sagt es auf Lettisch. Beide Eltern benötigen vor Gericht einen Dolmetscher, weil sie kaum deutsch sprechen. Manchmal begleitet sie eine Bekannte auf Behördenwegen, um zu helfen.

„Ja, die Kommunikation war ein großes Problem", räumt auch der Angeklagte ein. „Wir riefen deshalb eine Ordensschwester hinzu, die etwas russisch spricht und übersetzen sollte. Ich hatte den Eindruck, das klappte ganz gut." „Haben Sie denn alles verstanden, was Ihnen übermittelt wurde?", hakt der Vorsitzende Richter ein und wendet sich an die Mutter. Die antwortet ein bisschen vage: „Ja, es ging schon. Ich denke, ich habe alles Wesentliche gesagt und gehört."

Was aber ist „alles Wesentliche" in einem Notfall? Der kleine Vladenz hatte schon seit Tagen Fieber, er hustete, jammerte über Halsschmerzen und hatte Ausschlag am ganzen Körper, den allerdings schon länger. Am Dienstag nahmen ihn die Eltern aus der Kita, pflegten ihn zu Hause, gaben Zäpfchen, Hustensaft, machten heißen Tee und kalte Wickel. Aber das Fieber stieg. Hochrot lag der Dreijährige in seinem Bettchen und schlief den halben Tag. Einen Kinderarzt hatte die Familie in Berlin noch nicht benötigt, sie kannten auch keinen in ihrer Nähe. „Kleine Kinder kriegen doch schnell mal Fieber, das geht mit Wadenwickeln wieder weg", beruhigten sie sich. Der Vater kaufte im Bioladen gesunde Beeren, machte Saft, die Mutter kochte Hühnerbrühe.

Erst am Samstag bekamen sie es mit der Angst. Sie riefen den Notarzt, der sie sofort in die Klinik schickte. „Das ging alles sehr schnell", erinnert sich die Mutter. „Mein Mann musste erst die Papiere des Kindes zusammensuchen. Das dauerte ein bisschen. Er wollte auch die Medikamente mitnehmen, die wir bislang gaben. Der Krankenwagen fuhr mit uns also schon los, mein Mann folgte später."

Der zuständige Arzt im St.-Josephs-Krankenhaus war an jenem Samstag im Januar der pensionierte, aber für den Bereitschaftsdienst immer noch einmal im Monat hier tätige Dr. Wolf-Dietrich S. Im Warteraum saßen viele erkältete Kinder, aber das war kein Wunder in dieser feucht-kühlen Jahreszeit. Der Ausschlag und das hohe Fieber allerdings waren alarmierend. Der Junge wurde sofort in ein gesondertes Untersuchungszimmer gebracht, weil er hochansteckend erschien. Und Dr. S. zog ihn vor. „Die Mutter beschrieb die Symptome, ich fragte nach dem Impfausweis, aber den hatte sie nicht dabei. Irgendwie ging ich davon aus, die Familie sei nur zu Gast in Berlin und deshalb ohne diese Papiere. Später erfuhr ich, dass das ein Irrtum war. Aber da war es zu spät. Da hatte ich meine Diagnose bereits gestellt." Und die Diagnose lautete: Masern.

Ja, auch Masern gehen mit hohem Fieber einher, vom Gesicht her bilden sich rote Flecken, leicht erhabene Pusteln. Jedes Gesundheitslexikon verweist darauf, vermerkt aber auch, dass der Beginn der Erkrankung meist grippeähnlich verläuft und mit starkem Schnupfen einhergeht, mit Husten, tränenden Augen. Dass die Betroffenen sehr lichtempfindlich sind und sich vor allem in der Mundhöhle deutliche Anzeichen finden lassen. Hat Dr. S. auf all diese Symptome nicht gründlich genug geachtet? Fühlte er sich gehetzt, weil andere Patienten warteten, wollte er das Kind nicht unnötig belasten mit dem Untersuchen von Ohren, Mund und Rachen? Hat ihn der Ausschlag des Jungen auf eine falsche Fährte gebracht?

Dr. S. ist ratlos. Heute noch. Ihn quälen sein Gewissen und die Gewissheit, dass das Kind kränker war, als ihm schien. Viel kränker. Laut Obduktionsbericht muss Vladenz schon an jenem Samstag an einer ausgeprägten Lungenentzündung gelitten haben. Bei seinem Tod – drei Tage später – fand sich in seiner Lunge eine so unvorstellbar große Menge eitriger Flüssigkeit, die am Ende das Atmen unmöglich machte, dass dieser Krankheitsprozess nicht erst nach dem Besuch beim Arzt begonnen haben konnte. In dieser Frage sind sich die medizinischen Gutachter, die von Staatsanwaltschaft und Gericht konsultiert wurden, einig. „Vladenz' Leben hätte bei adäquater, rechtzeitiger Behandlung mit an Sicherheit grenzender Wahrscheinlichkeit gerettet werden können." Mehr Sicherheit gibt es vor Gericht nicht.

„Ich war mir ganz sicher, als ich Masern diagnostizierte", beteuert auch der Angeklagte. „Ich habe den Jungen abgehört und keine auffälligen Atemgeräusche bemerkt. Die Lymphknoten waren nicht geschwollen, Husten fiel mir nicht auf, der Rachen war unauffällig. Als ich ihn auf die Liege legte, blinzelte Vladenz gegen das Licht. Dazu der Ausschlag. Ich zweifelte keinen Moment. Hätte es doch nur dieses Missverständnis mit den Papieren, mit dem Impfausweis, nicht gegeben!" Vladenz war nämlich noch als Kleinstkind, in Lettland, gegen Masern immunisiert worden. Und hätte Dr. S. das gewusst, hätte er nach einer anderen Ursache des Fiebers suchen müssen. Er hätte die Lunge röntgen lassen, einen Abstrich im Rachen machen, eine Sonografie des Brustraumes vornehmen und das Blut des Kindes ins Labor geben können. Er hätte einen

Kollegen hinzuziehen und eine zweite Meinung einholen können. Er hätte Mutter und Kind stationär einweisen können. Aber er hat all das unterlassen. Er war sich sicher. Tödlich sicher.

Das wirft ihm nun auch die Anklage vor. Dass er zu ungenau untersucht und aus der Untersuchung die falschen Schlüsse gezogen hat. Dass er Paracetamol als Fiebersenker verschrieb und die Eltern in Sicherheit wiegte, statt gezielt mit Antibiotika gegen die Ursache vorzugehen. Sie pocht auf das rechtsmedizinische Gutachten, dass so grausam und klar beschreibt, wie der Dreijährige zu Tode gekommen sein muss: von aggressiven Streptokokken der Gruppe A zerfressene Mandeln und zugrunde gegangenes Lungengewebe, in der Brusthöhle ein riesiger Erguss, die kleine Milz auf 15 Zentimeter angeschwollen, weil der Körper mit den tödlichen Erregern kämpfte. Ganze Heerscharen von Erregern überrollten das Immunsystem und führten dazu, dass letztlich alle wichtigen Organe versagten. STSS nennen es die Mediziner: Streptokokken-indiziertes toxisches Stress-Syndrom, ausgelöst durch die Lungenentzündung, die am Samstag noch gut heilbar gewesen wäre.

Der Junge starb an dem Tag, für den Dr. S. etwas Besserung in Aussicht gestellt hatte: „Das Fieber hält noch drei Tage an, dann sinkt es. Wenn Sie noch Fragen haben, schauen Sie ins Internet, dort finden Sie alles." Nach drei Tagen sank das Fieber. Am Dienstag früh aß Vladenz eine Banane, schien munterer, und seine Mutter ging erstmals wieder zur Arbeit. Es war ein letztes Aufbäumen.

Seit er von Vladenz' Tod erfuhr, arbeitet Dr. S. nicht mehr als kinderärztlicher Notarzt. „Ich konnte das nicht mehr. Ich war mit meinen Gedanken immer bei dem Jungen. Was ist da geschehen, was habe ich falsch gemacht?" Dr. S. wendet sich den Eltern zu, versucht zu erklären und sich zu entschuldigen. Er leidet mit ihnen, das sieht man. Aber niemand kann hier trösten. Auch ein Gericht nicht. Deshalb entscheidet sich der Richter sehr ungewöhnlich: Er bietet eine Einstellung des Verfahrens an, wenn Dr. S. bereit ist, den Eltern 10.000 Euro Schmerzensgeld zu zahlen, und die Eltern dieses Vorgehen akzeptieren. Dr. S. bliebe damit juristisch gesehen unbestraft. Aber die Geldzahlung wäre ein Zeichen, eine Hilfe, ein Eingeständnis. Vladenz Eltern weinen und nicken. Leise sagt die Mutter: „Dr. S. ist ja kein schlechter Mensch."

Wenn ein Schwan stirbt …

… schweigen die Tiere, berührt von seinem schaurig-schönen Klagegesang. So zumindest erzählt es ein Lied. Mitunter befassen sich damit aber auch die Gerichte.

Komponisten haben ihn auf die Bühnen der Welt gehoben, Dichter ihm gehuldigt, Maler ihn auf Leinwänden verewigt. Cygnus – der Schwan. Er steht für Tugend und Jungfräulichkeit, aber auch für Verführung und Ehebruch. Ein widersprüchliches, stolzes Wesen. Mal zart, grazil und friedlich beschrieben, dann groß, gefährlich und kriegerisch. Und während er den einen als göttlicher Vogel gilt, begehren ihn andere eher als Festtagsbraten.

Torsten K. und Thomas F. indes fühlten sich von einem Schwan einfach genervt. Das große Vieh schwamm ihnen schon eine Weile vor der Nase herum, schlug mit den Flügeln, machte Anstalten, an Land zu kommen und sich womöglich an den Würmern und Larven zu vergreifen, die die beiden 25-Jährigen dabei hatten, um Fische anzufüttern. Angeln wollten sie und ihre Ruhe haben, sollte er verschwinden, der blöde Schwan, der jetzt auch noch einen zweiten herbeilockte. Darüber, ob die beiden weißen Wasservögel hier auf dem Butzer See womöglich ein Paar waren und gerade ihre Brut aufzogen, darüber dachten die Angler nicht nach. Vielleicht waren sie es ja, die die Tiere störten? Vater Schwan näherte sich der Köderbox, richtete sich auf, kam heran. „Hey, hau ab!", rief Torsten K., aber der große Vogel dachte nicht daran. Das hier war sein Revier, sollten doch die Zweibeiner verschwinden! Er plusterte sich auf. Und zwei kräftige junge Männer, die zudem noch einen großen, braunen Hund dabei hatten, verfielen plötzlich in Panik.

Panik. Genau das ist das Wort, das Torsten K. vor Gericht immer wieder benutzt, um ihrer beider Gemütszustand zu beschreiben an jenen Nachmittag im Mai an einem winzigen Berliner Gewässer inmitten noch unbestellter Felder. Die beiden Arbeitslosen hatten viel Zeit, und so zogen sie eben gern mal los. Zum Foto-Fischen. Was denn das sei, möchte die zierliche Richterin wissen, und Thomas, der etwas Jüngere, erklärt ihr geduldig, dass das ein feiner Zeitvertreib sei, um ein wenig zu protzen. Da locke man mit leckerem Futter die Fische an, hoffe auf einen möglichst kapitalen Fang, um den Erwischten dann stolz zu fotografieren und ins Wasser zurückzuwerfen. „Haben Sie überhaupt einen Angelschein?" – „Aber natürlich." Nur gefangen hatten sie an jenem Tag noch nichts.

Es gibt Augenzeugen dieses Angelversuchs, eine Frau und einen Mann, um die Fünfzig, auch sie mit ihren Hunden im Grünen unterwegs. „Wie wohnen ganz in der Nähe des Sees, hier haben die Hunde freien Auslauf", erzählt Frau T., und Herr W. ergänzt, dass es an diesem Fleck immer ganz friedlich sei. Nur diesmal nicht. Kaum seien sie am Ufer angekommen, bemerkten sie, wie ein Höckerschwan völlig durchgedreht und aufgeregt mit den Flügeln aufs Wasser schlug. Oh Schreck, dachten die Spaziergänger, der wird doch nicht etwa krank sein? Der wird doch nicht die Vogelgrippe haben und das ganze Terrain gefährden?

Sie pfiffen die Hunde zurück und schauten noch aufmerksamer auf das schräg gegenüberliegende Uferstück, und sie glaubten, ihren Augen nicht zu trauen. Da schlugen zwei Männer auf einen anderen Schwan ein, griffen ihn, überwältigten ihn, steckten ihn mit Gewalt in einen Sack, das Tier wehrte sich heftig, aber es nutze ihm nichts: Er verschwand im Sack. „Schnell konnte ich ja nicht laufen, mich quält die Bandscheibe", verrät der Zeuge, „aber wir gingen sofort hinüber, um die Angler zur Rede zu stellen." Als sie ein paar Minuten später dort ankamen, war das Bild, das sie gesehen hatten, wie ausradiert: kein Schwan, kein zweiter Angler, kein Sack. „Was war hier los? Was haben Sie mit dem Schwan gemacht!", rief das Paar, aber Thomas F., der sein Fischerzeug sortierte, fragte arglos zurück: „Was für ein Schwan, hier war keiner." Ratlos entfernten sich die Spaziergänger und riefen die Polizei.

Die Beamten kamen schnell, kontrollierten die Papiere der Männer, hatten daran nichts auszusetzen, sie erhielten auch keine andere Auskunft, als die beiden Augenzeugen – „nichts war, gar nichts" –, sie sahen weder Federn noch sonstige Kampfspuren und beendeten ordnungsgemäß mit einer Aktennotiz den Einsatz. Und wären sie auf dem Weg zu ihrem Auto nicht zufällig an einem Müllcontainer vorbeigekommen, in dem es rappelte, der Schwan wäre wohl für immer verschwunden, gestorben, ohne zu singen.

„Ja, in der Mülltonne, in einem blauen Sack, fanden wir das Tier, es hatte sich halb freigekämpft, es lebte noch, war aber erkennbar schwach", berichtet einer der Polizisten nun dem Gericht. „Wir setzten den Ärmsten in unseren Funkwagen und fuhren, so schnell es ging, in die Klinik." Die Ärztin dort konnte den Schwan nicht mehr retten. Zu angegriffen war das Tier, vielleicht innerlich verletzt, und auch sonst in einem bedauernswerten Zustand. „Er war extrem ausgehungert", vermerkt das Protokoll.

Torsten K. und Thomas F. wehren sich gegen den Vorwurf, sie hätten den Schwan – ein Wirbeltier, das ist nach dem Gesetz wichtig! – aus gefühlloser Gesinnung heraus misshandeln und töten wollen. Mit niedergeschlagenen Augen und bedauernden Worten beteuern sie, wie tierlieb sie seien. Sie besäßen Hunde und Katzen, Kaninchen und Goldfisch und hätten nie, nie ein Tier quälen wollen. „Aber wir mussten uns wehren, der Schwan griff uns an, wir schlugen nach ihm – da blieb er plötzlich reglos liegen." Nun kommt die schon erwähnte Panik ins Spiel: „Ja, wir ahnten, wir waren irgendwie schuld. Aber wir dachten, er sei tot! Unglücklich getroffen. Ein Unfall. Was sollten wir mit ihm tun? Da fiel uns in unserer Angst nur ein: wegwerfen. Das war falsch, völlig falsch. Aber wir waren doch so in Panik."

Das Gericht glaubt den beiden die verzweifelte Lage nicht. „Sie als Angler haben ganz gewiss gelernt, wie man sich zu verhalten hat. Dass man einen Schwan nicht angreifen darf, noch dazu mitten in der Brut", resümiert die Richterin. „Und weil er Sie störte, steckten Sie den lebendigen Schwan in den Müll, auf dass er verende." Immerhin weist sie nicht darauf hin, dass es im Strafgesetzbuch einen Passus gibt, der ein Mordmerkmal charakterisiert: das Töten, um eine vorangegangene Straftat zu vertuschen. Mit 800 bzw. 1.000 Euro Geldstrafe werden die beiden Arbeitslosen vom Gericht entlassen. „Wir hoffen, dieser Betrag wird Sie daran erinnern, was Naturliebe eigentlich ist."

Wieviel trinkt ein Baby?

Zwei ganz junge Eltern, beide kaum zwanzig Jahre, lassen ihr Neugeborenes verhungern und verdursten. Die Anklage lautet: Mord.

Abgründe tun sich auf, wenn ein Mord geschieht. Ein Mensch stirbt, weil ihn ein anderer mit extremer Gewalt, aus Lust am Töten, aus Gier, Habgier oder sexuellen Motiven umbringt. Weil es keine Hemmschwelle gibt, die den aufhält, der tötet.

Nadine K. und Ronny B. sind wegen Mordes angeklagt. Wegen Mordes an ihrem neugeborenen, kaum drei Tage alten Sohn Max. Und wenn es für das Gericht eines zu klären gibt, dann ist das nicht die Frage der Schuld. Beide haben gestanden, für den Tod des Babys verantwortlich zu sein. Im Mittelpunkt steht die Frage nach den Gründen, und das ist dann vielleicht auch die Frage nach den Abgründen.

Als Nadine K. ahnt, dass sie schwanger ist, verdrängt sie den Gedanken. Sie ist gerade zwanzig geworden, lebt bei einem Freund, der sie auf der Straße aufgelesen hat. Sie hat schon als Minderjährige zwei Kinder zur Welt gebracht, die das Jugendamt nach der Geburt sofort ins Heim und zu Pflegeeltern gab. „Ich musste das damals akzeptieren", sagt Nadine K., „aber die Babys wegzugeben, sie allein lassen zu müssen, das hat mir schon sehr, sehr weh getan. Da war was leer in meinem Leben." Nun also wieder schwanger? „Ich wollte es nicht wahrhaben. Ich hatte mich doch gerade frisch verliebt, in Ronny, den Freund meines Freundes. Wie sollte ich den Jungs das erklären? Was würden die beiden dazu sagen?"

Ronny, der Neue, nimmt Nadine die Entscheidung ab. Er merkt, dass es ihr nicht gut geht, dass ihr häufig übel wird, sie bestimmte Sachen nicht verträgt. Er beschafft ihr einen Schwangerschaftstest – und freut sich, so sagt er, als der positiv ausfällt. „Ich wollte mit Nadine eine Familie, ja. Da war es doch nicht so wichtig, ob ich auch der Vater bin. Wir würden ein Baby haben, wir zwei ganz allein!"

Ronny B. plant für die Zukunft. Aber planen ist nicht so seine Stärke. Wie Nadine kommt er aus katastrophalen Verhältnissen, wie Nadine war auch er schon obdachlos. Wie Nadine hat er sein ganzes Schulleben lang darunter gelitten, dass er ein Außenseiter war: dumm, dick, unbeholfen, ohne familiären Beistand. Ronnys Anwalt beschreibt diese Situation etwas eleganter: Er spricht von der gravierenden Intelligenzminderung seines Mandanten, von dem fehlenden Selbstwertgefühl, der körperlichen Unzulänglichkeit. Ronny wog als Kind im Alter von zwölf Jahren schon 160 Kilogramm. Er nennt Ronny und Nadine „zwei Schwache, die gemeinsam stark sein wollten". Sie klammerten sich aneinander, versuchten, einander Halt zu geben, und versagten am Ende gemeinsam.

An einem Nachmittag im März setzen bei Nadine K. gegen 16 Uhr die Wehen ein. Sie weiß, dass das zu früh ist, in fünf, sechs Wochen erst hätte sie das Baby erwartet. Sie hat keinen Plan. Sie war nie beim Arzt oder einer Hebamme, sie hatte immer gehofft, Ronny wüsste Rat, wenn es so weit wäre. Aber auch Ronny ist mit der Situation heillos überfordert. Er ist einundzwanzig und unerfahren in familiären Dingen, alles, was er übers Kinderkriegen weiß, stammt vom Hörensagen und aus dem Internet. Aber er steht seiner Freundin bei. Lässt Badewasser in die Wanne laufen, als die Wehen stärker werden, schneidet, als es so weit ist, die Nabelschnur mit einer Schere durch und bindet sie mit einem Nähfaden fest ab.

„Es war so ein süßer, kleiner Junge. So klein, so winzig. Max haben wir ihn genannt und mit ihm geschmust", erinnert sich Ronny B. an die ersten Stunden. Auch daran, dass er Nadine das Baby an die Brust gab, aber der Zwerg nicht trinken wollte. „Ich machte mir Sorgen, aber Nadine kannte das schon. Da sei bei ihren anderen Kindern auch so gewesen, den kleinen Babys fehle die Kraft. Man könne ihnen deshalb auch abgekochtes Wasser zu trinken geben, aus der Flasche. Das habe ich gemacht." Ein, zwei Schlückchen, glaubt Ronny B., habe das Baby auch getrunken. Dann schlief es ein. Schlief viel, fiepste zwischendurch ein bisschen, schlief wieder. „Das mit dem Trinken und dem Wasser haben wir in der Nacht und auch am nächsten Morgen wieder gemacht. Manchmal schien mir, er hätte ein bisschen was bekommen", erzählt Ronny B., „dann wieder nicht. Aber er weinte auch nicht. Sah ganz zufrieden aus. Bestimmt fehlte Max nur noch die Kraft."

„Was, Sie haben dem Kind nur Wasser gegeben?" Die Richterin kann es nicht fassen. „Wasser? Und das auch nur tropfenweise? Wie sollte das Kind damit leben? Kam Ihnen nicht in den Sinn, es könnte dabei irgendwann verhungern und verdursten? Haben Sie denn keinen Arzt gerufen?"

Ronny B. wagt nicht, den Blick zu heben. Er traut sich auch nicht, seine Freundin Nadine anzugucken, denn jetzt muss er zugeben, dass er sich auf sie verlassen hat, darauf, dass sie weiß, was richtig wäre. „Am Anfang hatte ich keine Angst. Er würde sich schon erholen. Doch als Max auch am zweiten Abend noch nichts getrunken hatte, da wurde mir schon komisch. Ich hatte mir am Nachmittag extra Geld geborgt von meinem Vater, um in der Drogerie solche Baby-Anfangsmilch zu kaufen. Nadine hatte sie mir beschrieben. Das sollte helfen. Aber Max nuckelte nur. Richtig getrunken hat er nicht, weder an der Brust, noch aus dem Fläschchen. Ach, das wird, tröstete ich mich. Er sah doch auch gar nicht krank aus."

Nadine K., die Mutter des Babys, muss eine heillose Angst davor gehabt haben, man könnte ihr das Kind wieder wegnehmen, wenn sie nicht mit ihm klarkäme. Nein, keinen Arzt!, hat sie ihren Freund angewiesen. Das gibt Ärger! Und sie wisse auch gar nicht, ob sie überhaupt krankenversichert sei. Sie hätte keine Karte. „Komm, lass es uns weiterversuchen, der Max schafft das, der lernt das Trinken." An diesem Satz von Nadine haben sich beide festgehalten. Zweieinhalb Tage lang. Sie haben das Baby gewindelt, es gewaschen, gestreichelt, sich mit ihm ins Bett gelegt „und zugeguckt, wie friedlich es schläft", sagt Ronny B. Einmal durfte er mit dem Winzling auch baden, berichtet er. „Nadine hat mir Max ganz vorsichtig auf den Bauch gelegt, und da hat er mich angeguckt und gelächelt."

Nadine K. und Ronny B. tun alles dafür, sich die wenigen Lebensstunden ihres Kindes schönzureden. Sie haben sich in eine Erinnerung eingesponnen, die nur glücklich war. Das Baby brav und friedlich, wenn auch schwach und klein. Sie selbst voller Hingabe an dieses winzige Wesen. Wenige Stunden später atmete es nicht mehr. „Nadine war panisch, so habe ich sie noch nie erlebt, ich versuchte, Max zu retten." Eine Stunde lang will Ronny B. das

Baby beatmet, ihm mit dem Mund Luft zugepresst und den kleinen Körper massiert haben. „Ich dachte, gleich ist er wieder da. Aber er kam nicht." Ein Batterieblock sollte Strom aussenden und das Baby erwecken. „Wir haben Max dann im Arm gehabt und nicht losgelassen." Doch das Kind war längst tot.

Ist das Mord?

Es gibt keine Zeugen dafür, was in den zwei Tagen im März mit dem Baby geschah. Es gibt keinen Anhaltspunkt dafür, dass ihm Gewalt angetan wurde, aber es wurde nicht versorgt. Es ist verhungert und verdurstet. Wahrscheinlich still und klaglos. Und womöglich ja wirklich in den Armen seiner Eltern, die einmal nicht versagen wollten und damit das Schlimmste auslösten. „Sie hatten einen Tunnelblick", beschreibt der Anwalt, um irgendwie begreiflich zu machen, was der Tragödie nun folgte: Als beide keinen Zweifel mehr daran haben konnten, dass ihr Kind nicht mehr lebt, als Lug und Trug nicht mehr halfen, behielten sie das Baby noch eine Nacht bei sich im Bett, zogen es dann neu an – und legten es ins Kühlfach. „Nadine konnte das Baby nicht loslassen. Es sollte bei ihr bleiben. Am liebsten für immer", sagt Ronny B. „Ich konnte ihr da doch nicht wehtun und das Kind wegnehmen." Nach einer Woche begruben sie es in Berlin-Hellersdorf, ganz in der Nähe ihrer Wohnung, in einem Wäldchen. „Mamis Liebling" stand auf Max' Mütze, er trug einen hellblauen Strampler Größe 50.

„Totes Baby im Wald verscharrt" lauteten kurz darauf die Zeitungsschlagzeilen, nachdem der Hund einer Spaziergängerin den leblosen Körper des Neugeborenen erschnuppert hatte. Ein Hinweis auf die Mutter fand sich lange nicht. Deshalb spendeten viele Polizisten Geld für ein Begräbnis des kleinen Jungen, legten Blumen und Spielzeug aufs Grab. Nadine K. und Ronny B. fehlte jeder Mut, sich zu ihrem Kind zu bekennen. Sie igelten sich in ihrer Wohnung ein und warteten darauf, dass es irgendwann an der Tür klingelt. Das passierte im April, Spuren an der Kleidung hatten die Polizei zu dem Paar geführt. Seitdem sitzen beide in Untersuchungshaft.

„Ich habe noch nie so viel begriffen, wie seitdem", lässt Nadine K. ihre Anwältin berichten. Sie gehe wieder zu Schule und wisse, dass es so mit ihrem Leben nicht weitergehen kann. Ronny B. sagt,

Nadine sei ihm immer noch wichtig, sehr wichtig sogar. Aber er habe ihr nicht geholfen mit seinem Verhalten, sondern nur geschadet. Wenn er damals nicht so feige gewesen wäre, würde Max heute noch leben.

Die Staatsanwaltschaft lässt den Mordvorwurf fallen, das Gericht spricht von einer Tragödie. Es verurteilt die Zwanzigjährige zu zweieinhalb Jahren Haft. Ihr Freund, Ronny B., erhält wegen fahrlässiger Tötung eine zwölfmonatige Strafe auf Bewährung.

Sex im Strandbad

Ein bisschen zu freizügig und ein bisschen zu nah an Nachbars Decke. So kann der Austausch von Intimitäten schnell auf die Anklagebank führen.

„Hej, Mallorca gewesen?" Der rotblonde Knabe, der seinen großgewachsenen und erstklassig durchtrainierten Kumpel begrüßt, grinst. „Keine Zeit", gibt der Braungebrannte zurück, streckt die offene Hand aus und meint wohl eher: „keine Knete". Das Mädel an seiner Seite nickt, obwohl auch sie aussieht, als hätte sie sich eben erst von der Liege am Pool erhoben. Aber Sonne gibt's ja auch im Herbst gelegentlich, notfalls im Solarium. Und so flaxen sie noch ein bisschen rum, sind gut gelaunt, andere Freunde kommen hinzu, ein paar Anspielungen gehen hin und her („Na, wird's lustig heute hier?" „Wo nix ist, ist nix."). Dann geht das Grüppchen noch schnell einen Kaffee trinken. Die Gerichtsverhandlung, auf die sie warten, verzögert sich. „Ich hab nachher noch was vor", mault einer der Neuankömmlinge.

Eine Dreiviertelstunde später sind die fünf Freunde, Angeklagte und Zeugen, immer noch frohen Mutes. Oliver W. und Kathrin L., das angeklagte Pärchen, hat auf einen Verteidiger verzichtet. Sie kommen hier schon allein zurecht, glauben sie. Reine Formsache! Sie werden doch wohl am besten wissen, ob irgendwas dran ist an dem Vorwurf, den der junge Staatsanwalt hier ein wenig steif vorträgt. Man könnte die Anklage in netten Worten so zusammenfassen: An einem wunderbar warmen Sonntag im übervollen Strandbad Wannsee, abends, bei einem Rockkonzert, haben die beiden ihrer Lust aufeinander etwas zu viel Raum gegeben. Ihre Begleiter haben sich daran erfreut, zur Erinnerung Fotos gemacht und das Gemecker der Strandbad-Nachbarn nicht so eng gesehen. „Wir waren eben fröhlich", beschreibt es Oliver W.

Der Staatsanwalt nennt es weniger fröhlich „Erregung öffentlichen Ärgernisses" und zitiert Paragraf 183 a StGB. Darin ist etwas verschwommen von „sexuellen Handlungen" die Rede, die „absichtlich oder wissentlich" vor anderen stattfinden und diese anderen stören. Sex auf der Kühlerhaube eines Trabis beispielsweise zählt dazu, zumindest, wenn das Gefährt nicht irgendwo versteckt im Wald, sondern am öffentlichen Wegesrand steht, dort, wo Spaziergänger gerade ihre Runde drehen. Das sächsische Amtsgericht Hohenstein-Ernstthal musste sich mit einem solchen Fall befassen und verhängte 390 Euro Geldstrafe. „Erregung öffentlichen Ärgernisses" war auch das unzweideutige Bedrängen eines Schafes durch einen trunkenen Mann, der sich im norddeutschen Aurich auf eine Deichwiese verirrt hatte und das Tier bestieg. Familien bummelten am nahen Kanalufer entlang und trauten ihren Augen nicht – drei Monate Gefängnis auf Bewährung und 2.000 Euro Strafe. Gegen seine Verurteilung über 500 Euro wehrte sich im fränkischen Weißenburg ein 50-jähriger Familienvater, der von Urlaubern nackt im Wald angetroffen wurde, wo er sportlich unterwegs war. Die von ihm verteilten Kärtchen, wonach seine Aufmachung nichts mit sexuellen Motiven zu tun habe, sondern lediglich dem Wunsch nach frischer Luft auf freier Haut entspreche – zwischen den Beinen säßen schließlich die meisten Schweißdrüsen –, konnten die Wanderer nicht besänftigen.

Kathrin L. und Oliver W. hätten also gewarnt sein können. Denn ihr Gegenpart, eine Berliner Familie, hatte bei jenem Konzert am Wannsee der Polizei ganz klar ins Protokoll diktiert, dass sie sich wirklich sehr belästigt gefühlt hätte von dem ungenierten Treiben der jungen Leute auf der Nachbardecke. „Das Mädchen saß mit hochgezogenem Minirock und weggeschobenem String breitbeinig vor ihrem Liebhaber, man sah ihre Mandeln, sie fasste sich selbst in die Scheide und ließ auch ihn dort rumspielen. Ganz ohne Scham", sagt Karin M., eine resolute Masseurin, die nicht wollte, dass ihre Töchter dabei zusehen müssen. „Mama, was machen die denn da?", soll die Jüngere schon gefragt haben. „Um sie abzulenken, bin ich mit ihnen zum Wasser und auf den Spielplatz gegangen, aber das Pärchen vergnügte sich ungestört weiter. Ich ging schließlich zu ihnen und bat sie, sich entweder weiter weg zu legen oder mit dem Gefummel aufzuhören. Wir wollten uns nicht die Stimmung verderben lassen, und gegen ein bisschen Rumgeknutsche habe ich auch nichts. Aber das war schon heftig. Zumal mir schien, dass die junge Frau reichlich betrunken war.

Der ging es nicht gut. Und die Männer johlten um sie rum. Zweimal bin ich rüber und habe sie gebeten aufzuhören. Aber die dachten gar nicht dran."

Die Aussage der 43-Jährigen wird vor Gericht von ihrem Mann und ihrer Freundin weitgehend bestätigt. Ebenso ihre Schilderung, wie der große, breitschultrige Mann, der seine Liebste auf der Nachbardecke so massiv bedrängt hatte, wenig später Richtung See ging, dabei an der Lagerstelle der Familie vorbeikam, einen verbalen Streit anfing und Karin M. mit der Faust ins Gesicht schlug. „Ich bin niedergestürzt, hatte tagelang eine dicke Lippe und Schmerzen am Kinn", erzählt sie, „der Abend im Strandbad nahm für mich ein äußerst unerfreuliches Ende."

Dass ihr Mann und ihre Freundin das so ähnlich erinnern, ist für den Richter nicht ausschlaggebend. Schließlich bestätigen auch die Freunde der Angeklagten deren Version voll und ganz: dass genau genommen im Strandbad gar nichts vorgefallen sei. Dass man feierte, lustig war, auch ein bisschen was getrunken hatte, dass Olli und Kathi frisch verliebt waren und sie sich mit ihnen gefreut hätten. „Die haben sich gestreichelt und geküsst, klar, aber wenn das nicht mal mehr ein Liebespaar darf, wer dann?", ruft einer der Zeugen-Kumpel leicht theatralisch in den Raum. „Geprügelt hat sich der Olli nicht, davon haben wir nichts gesehen. Nur dass die Frau ihn auf dem Weg zum See später angemotzt hat. Keine Ahnung, warum."

So und so ähnlich geht die Rede der Freunde. Oliver K. räumt zwar „ein kleines Handgemenge" ein, aber das kam nur, weil sich Frau M. ihm in den Weg gestellt hätte, als er zum Wasser wollte, und weil sie ihr Bier in seine Richtung gekippt hätte, da ist er ausgewichen und sie ihm womöglich „in den Arm gefallen". Kathrin L. kann sich überhaupt nicht erinnern. „Ich weiß nur, dass ich zu viel getrunken hatte, ich vertrage nichts, und dass mir dann schlecht geworden ist und ich mich übergeben musste und Oliver mich unten am See waschen wollte. Aber davon hab ich schon nichts mehr mitbekommen."

So steht Aussage gegen Aussage, auch wenn die Darstellung der beiden Angeklagten und ihrer Freunde durch gleiche Worte und Wendungen „sehr deutlich abgesprochen klingt", wie der Richter findet. Im anderen Lager hätte es da eher „kleine Abweichungen in der Wahrnehmung gegeben", fügt er hinzu, aber genau das sei schließlich auch normal und für ihn glaubwürdiger: „Trotzdem hätte ich kein so klares Urteil sprechen können, hätten wie hier nicht auch einen völlig unbeteiligten Zeugen gehört, Herrn K." Herr K., gerade zwanzig Jahre alt und selbst mit Bekannten im Bad, lag damals sozusagen zwischen den Parteien, beiden ganz nah. Und es ist diesem jungen Kerl augenscheinlich unangenehm, jetzt vor Gericht noch einmal zu schildern, was auf der Nachbardecke abgegangen ist. Er druckst rum, wird vom Richter ermahnt, sich bitte genau zu erinnern, es sei wichtig, und schließlich teilt er all die Eindrücke, die die Familie M. gegen die Angeklagten vorbringt. Er sah „das Gefummel, das wirklich schon weit ging", er störte sich auch daran, aber sagte nichts, er hörte, wie Frau M. bat, „doch ein Stück in die Büsche zu gehen oder so", und er erinnert sich, wie die Sache plötzlich eskalierte. „Er stand dann bei der Frau an der Decke, sie sagte irgendwas, und er schlug zu, richtig ins Gesicht. Ihre Lippe hat geblutet, glaube ich, aber da war auch schon die Security zur Stelle."

Und so kommt zur „Erregung öffentlichen Ärgernisses" auch noch die Körperverletzung. Die vor allem. Gegen Kathrin L., die blonde Geliebte, der es an jenem Abend wohl wirklich schlecht ging, wird das Verfahren eingestellt. Oliver W., ihr kraftvoller Gefährte, ist bereits wegen Körperverletzung vorbestraft und muss nun erkennen, dass es ganz so lustig, wie anfangs erhofft, nicht werden wird. Nach drei Minuten gerichtlicher Beratungspause steht fest, dass er 1.200 Euro Geldstrafe zahlen muss. Da er seit einiger Zeit von Hartz IV lebt, wird er an den Vorfall im Strandbad wohl noch eine Weile zurückdenken.